自己破産か個人再生か迷ったときには…

自己破産
する前に読む本

［改訂版］

弁護士
花輪 弘幸［著］

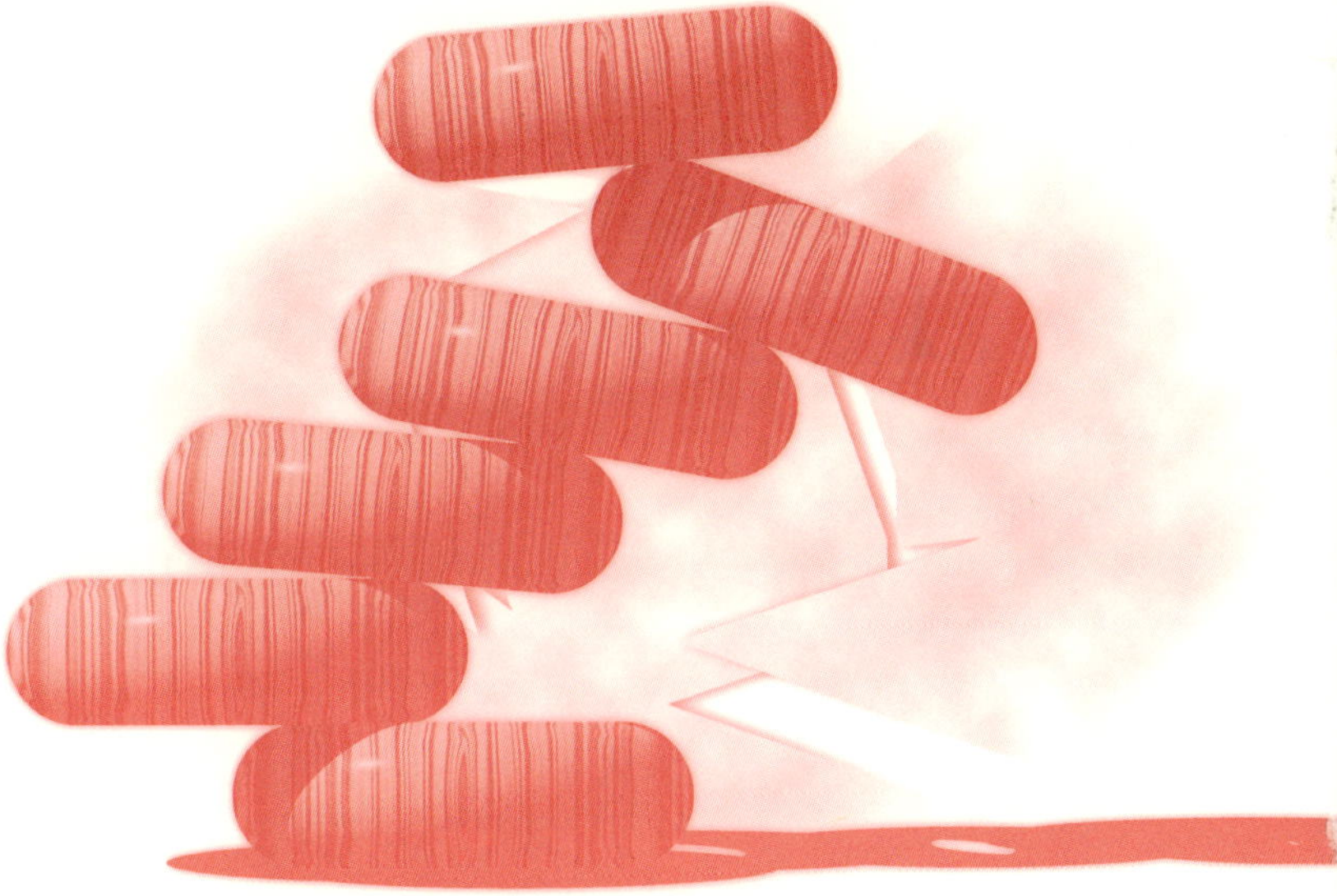

税務経理協会

改訂版にあたって

本書が出版されてから、既に三年近くたちました。

世の中の流れは早いもので、その間、自己破産・免責についての裁判運用の大きな変化（東京地裁本庁についてですが、即日審尋によるスピードアップ、少額管財事件）があり、又、全国的には以下に示すような法律の改定・新設による変化がありました。

一　商工ローン問題
二　出資法・利息制限法・貸金業法の一部改正（出資法罰則金利の引き下げ等）
三　個人再生手続の新設

順不同となりますが、これらの変化を適宜織り込みつつ、最近の変化（概して初版出版当時よりも良い方向に変化していますが、解決していない問題もあります）に応じて、改訂致しました。

そう遠くない将来に予想される（大正時代に制定された）現行破産法の抜本的改正の際には、

さらに本書も改訂をせまられるのでしょうが、その間、初版同様に個人の多重債務問題に関心のある読者の方々のお役に立てれば幸いです。

平成一三年九月

弁護士　花輪　弘幸

まえがき

本書は、出版社の勧めもあり、敢えて「**自己破産する前に読む本**」と、やや刺激的なネーミングをしました。その真意は、借金を抱えて自己破産の申立てを決意した方に読んでいただきたいのは勿論、借金や破産とは無縁の通常の生活を送っている方々にも、是非とも読んで頂きたいというところにあります。

借金に追われて自己破産の申立てを決意した人においては、いやがおうでも、破産などの法的な債務整理について、真剣に考えざるを得ない状況に置かれます。しかし、このような段階になる前に、知識を身につけてさえいれば、手遅れにはならなかったというケースが多いのです。

借金のリスクと常に隣り合わせで事業をしている経営者の人でさえ、破産などの法的な債務整理についての知識が乏しいのが一般的です。ましてや、事業をしていない一般の方々においては、破産は、自分とは無縁の問題と従来は考えられて来ました。

しかし、バブル崩壊後の不況の予想外の長期化、地価下落、リストラの嵐の中でも、消費者金融、カード産業は、一向に衰えを見せません。わが国が、借金漬け社会の道をまっしぐらに進んでいることは明らかであり、一般の消費者の方々にさえ、知らず知らずのうちに借金のリスクは忍び寄っています。

ましてや、規制緩和、金融ビッグバンの風潮の中で、個人の自己責任が厳しく問われるようになって来ました。借金のリスクに巻きこまれないよう、一般の方も、自己防衛をすべき時代となりました。したがって、借金に無縁の方々も、「縁起でもない」などと思わずに、本書をお読み頂ければ幸いです。

ところで、米国では、経済的に破綻した消費者、事業者の立ち直りとして、自己破産・免責は、やむを得ない選択の道として当然視されていると言われています。しかし、わが国の世間一般の見方は（昨今の不景気から破産事件の数は増えても）、必ずしも、そうではないようです。わが国の一部では、残念なことに、依然として、破産に対する根強い偏見や誤解が残っており、また、破産制度に対する知識も、世間一般に充分浸透しているとは言えません。本来なら自己破産・免責により立ち直れた人も、夜逃げ（最悪の場合は、犯罪行為や自殺、心中）等を選択せざるをえないという例がまだまだ多いようです。

本書が、このような誤解、偏見を少しでもなくすことに貢献できれば、筆者にとって、これ以上うれしいことはありません。

平成一〇年四月

弁護士　花輪　弘幸

目次

第2章　自己破産、任意整理などに関するQ&A

第3章　多重債務に転落するまでと、多重債務から脱出するまでの実例

序章

なぜ、今日、多重債務者の問題が発生したのか

1 多重債務者の発生

多数、多額の借金（債務、負債ともいいます）を抱えた債務者（借主のこと）は、今日、**「多重債務者」**と呼ばれ、深刻な社会問題となっています。本書は、多重債務者の人に対する、法的な解決方法をアドバイスすることを目的とするものですが、その前に、なぜ、多重債務者が発生するのかについて考えてみたいと思います。

多重債務者

少なくとも、わが国が経済大国となる昭和四〇年代以前には、多重債務者とよばれる人は、今日とは比べ、はるかに少なかったようです。それが、社会問題化したのは、**第一次サラ金パニック**が起きた昭和五〇代前半頃からです。

昭和四〇年代以前は、社会全般が「金不足」で、今日ほど、**カードや消費者金融**（俗にサラリーマン金融、略してサラ金と一般的に呼ばれます）会社も多くはなく、仮に借金をしたくても、なかなか借りられない状態でした。そもそも、借金さえしなければ、多重債務者も発生しない訳です。

しかし、わが国の経済成長とあわせて、「金余り」の状態となり、カードやサラ金会社も次々と登場し、無担保の小口融資（ただし、高金利）を受けられる機会が広まっていきました。

これらのカードやサラ金会社は、主に、銀行などの金融機関から借り入れた資金をもって、相当分の上乗せした利率（利鞘を稼ぐため、必然的に高利率となります）で、消費者に貸付けをします。銀行や大企業の金余り現象を背景にして、カードやサラ金会社の営業規模も格段に大きくなりました（株式を上場した企業も多数あります）。

一方、わが国の経済成長にあわせて、消費者の方も、購買意欲が盛んとなり、カードでのショッピングは、むしろ当然のこととなりました。テレビなどのマスメディアには、カードはもちろんのこと、消費者金融のコマーシャルも多く登場するようになり、一般の消費者にとって、借金に対する抵抗感、後ろめたさというものが、急速に失われたようです。

このように、貸手側の供給（金余りの中で、利鞘を稼ぐために、高金利の小口融資をどんどん行いたい）と借手側の需要（消費活動をエンジョイするため、借金することをいとわない）が奇妙にマッチして、わが国のカード、消費者金融会社は、急成長を遂げました。これが、光の部分とすれば、そこには、当然ながら影がつきまといます。その影の部分が、多重債務者問題なのです。

このように、多重債務者発生の原因は、多重債務者自身だけではなく、貸手側にもあるということを、読者の方は是非とも心にとめて下さい。

2　多重債務者の実像

多重債務者の人から事情を聴いてみて分かることですが、少数の例外を除き、その大多数の人は、ごく普通の消費者です。家計のやり繰りが、カード、サラ金等の支払いに日々追われているという点を除けば、その人柄、物腰は、何ら普通の人と変わりありません。今日の多重債務者の大多数に共通していえることは、当初の負債を返そうとして、新たな借金に頼り、かえって、雪だるま式に負債の件数や金額が膨らんでしまったということです。つまり、初めから、借金を踏みたおそうとして、借りるような不道徳な人は、少数なのです。多重債務に陥った人の大多数は、むしろ、約束した支払日にきちんと借金を返そうとして、そのためにかえって借金を増やすというパターンに陥るのです。

もちろん、借金をするときは、本来、自分の収入の範囲で楽に返せる範囲に留めるべきものです。当初の借金が、この範囲を超えていたために、借金返済のために新たな借金をするという悪循環に陥るのです。この意味では、多重債務に陥った人は、金銭の管理が下手だったと非難されても仕方ありません。

しかし、このような失敗は、決して他人事ではありません。カードで買い物をする限り、このような危険性はつきものです（とくに、**「買い物依存症」**と呼ばれるほど、見境もなく買い物をする傾向がある人の場合は、要注意です）。また、ごく普通の住宅ローンや自動車のローンであっても、予期せぬアクシデントが起こり、当初予定していた返済が進められなくなり、返済するために新たな借金をせざるをえないという危険もあり得ます（たとえば、病気や失業で、予定していた収入が入らなくなり、返済計画が狂うことは、意外と頻繁に起きています。とくに、昨今の不景気の中で、ボーナスが大幅カットされたり、リストラで収入を失う人が増えているのは周知のとおりです）。

したがって、このような多重債務に陥らないように予防を心掛けることが肝心です。極論すれば、カードでの買い物や、借金を一切しないで生活すれば良いということになります。しかし、カード、消費者金融が発達した今日では、このような無借金生活を貫くことも、大変だと思います（もちろん、不可能ではありませんが）。

ほぼ、全ての人が、消費者である限り、思わぬところで金銭管理に失敗し、**多重債務化**する危険を背負っているといっても過言ではありません。そして、このような失敗の原因は、債務者の金銭管理の下手さだけではなく、派手な宣伝で消費意欲を煽ったり、過剰融資的に貸付けをする貸手側にもあることを忘れてはなりません。

むしろ、失敗者に対して、非難するだけでは、何の解決にもなりません。いかに早く立ち直れるかという救済策も真剣に考えるべきなのです。

現時点での救済策が、後の章で述べる自己破産・免責の手続きや、任意整理なのです。

3　多重債務者問題の移り変わり

このように、わが国が経済大国化するなかで、影の部分として現れた多重債務者ですが、時期により、その内容も若干、移り変わってきました。

多重債務者問題が、社会問題として初めてクローズアップされたのは、昭和五〇年代前半の**「第一次サラ金パニック」**でした。第一次サラ金パニックのときは、サラ金による強硬な取立てにより、夜逃げや自殺した人が多数発生しました（この背景には、その当時は、貸金業者に対する行政官庁の監督が弱かったということが挙げられています）。

そこで、貸金業者を登録制にしたり、取立行為に一定の規制を加える等を内容とした貸金業規制法が、昭和五八年に制定されました。その結果、乱暴な貸金業者の数は減り（ただし、今日でも、ゼロになったわけではなく、悪質な業者は依然として、あり得ます）、一応、パニックは沈静化しました。

その後、昭和六〇年代のバブル景気が訪れました。その頃になると、従来は消費者への融資に消極的だった銀行などの金融機関も、**「カードローン」**などと称して、消費者相手の小口の貸付けを積極的に展開しました。また、従来は物販が主だったカード会社も、**「キャッシング」**などと称して、貸金を積極的に展開してきました。

他方、貸金専業のサラ金に対する需要は頭打ちとなり、「サラ金冬の時代」を迎えました。ただし、このサラ金冬の時代の間に、弱小のサラ金は自然淘汰され、大手のサラ金のシェアが一段と高まっていきました。

バブルの頃には、特に若年層を中心として、主にカードを利用して、高級ブランド品を買いあさったり、レジャーに精を出すなど、借金への依存度が高まる風潮が顕著となりました。そして、平成二、三年頃からのバブル崩壊により、多重債務者の問題が再びクローズアップされ、**「第二次サラ金パニック」**を迎えました。

第二次サラ金パニックでは、第一次のときよりも負債金額や件数が多くなり、また、負債の内容も、サラ金、カード、銀行系のローンなどが混じりあい、複雑化する傾向となりました。そして、今日の自己破産件数の急増となったのです。

バブル崩壊後の不景気の予想外の長期化により、中高年の人が多重債務化する事例も増えて来ました。ボーナスカットやリストラにより、住宅ローンの支払いが困難になることに加え、地価の大幅下落により、担保割れした不動産の処分ができなくなり、借金だけ残ったという人も多数発生しました。

経済がインフレ基調のころであれば、時間が経つにつれて貨幣価値が下落し、借金の重さも軽くなるのが一般的でした。しかし、バブル崩壊後は、インフレではなく、かえって「資産デフレ」の状態となり、一向に軽くならない借金の重さが、債務者に大きくのしかかっています。

しかし、わが国の経済が不況で喘いでいる中でも、**「無人貸付機」**の躍進に見られるように、消費者相手の高利、小口融資のサラ金、カード会社は、繁栄を続けています。そして、貸手側の過剰融資状態が続く限り、多重債務の被害は止まないと思われます。

負債額一覧　（平成8年1月～12月）

700～799	800～899	900～999	1000～1999	2000～9999	1億以上	小計
1 (2%)	3 (6%)			1 (2%)		51 (11%) 取下4
10 (8%)	3 (2%)	1 (1%)	20 (16%) 取下3	15 (12%) 取下1	1 (1%) 取下1	122 (26%) 取下7宣告1
6 (5%)	7 (6%)	6 (5%)	13 (10%) 宣告1	28 (22%) 取下1宣告1	5 (4%)	127 (27%) 取下3宣告5
2 (2%)	4 (5%)	3 (3%)	18 (21%) 取下3	13 (15%)	2 (2%)	86 (18%) 取下4
1 (1%)	5 (7%) 取下1	5 (7%)	11 (16%)	12 (17%)		69 (15%) 取下1宣告1
2 (14%) 取下1			2 (14%)			14 (3%) 取下1
22 (5%) 取下1	22 (5%) 取下1	15 (3%)	64 (14%) 取下6宣告1	69 (15%) 取下2宣告1	8 (2%) 取下1	469 取下20宣告7
				2 (4%)		45 (12%)
5 (5%)	5 (5%)	4 (4%)	5 (5%)	3 (3%)	1 (1%)	105 (28%) 取下1宣告2
4 (5%)	2 (3%) 取下1	4 (5%)	10 (13%)	3 (4%) 宣告1	2 (3%)	78 (21%) 取下1宣告1
1 (1%)	1 (1%)	4 (5%) 取下1	7 (8%) 取下1	10 (12%) 取下1	4 (5%)	85 (23%) 取下3
		1 (2%)	5 (10%) 取下1	2 (4%)	1 (2%)	50 (14%) 取下2
			2 (33%)			6 (2%)
10 (3%)	8 (2%) 取下1	13 (4%) 取下1	29 (8%) 取下2	20 (5%) 取下1宣告1	8 (2%)	369 取下7宣告3
32 (4%) 取下1	30 (4%) 取下2	28 (3%) 取下1	93 (11%) 取下8宣告2	89 (11%) 取下2宣告2	16 (2%) 取下1	838 取下27宣告10

割合及び負債の男女別合計にしめる割合である。総合計欄の%は，男女合計の負債別割合である。

決定だけを受け，免責申立てをしなかった件数を意味する。

額一覧)

同時廃止事件の性別・年齢・

負債額(万円)		～199	200～299	300～399	400～499	500～599	600～699
男	30歳未満	2 (4%)	7 (14%)	13 (25%) 取下3	14 (37%) 取下1	4 (8%)	6 (12%)
	30～39歳	5 (4%)	6 (5%)	17 (14%)	18 (15%)	17 (14%) 取下2宣告1	9 (7%)
	40～49歳	5 (4%)	10 (8%)	11 (9%) 宣告1	13 (10%) 取下1	12 (9%) 宣告1	11 (9%) 取下1宣告1
	50～59歳	5 (6%) 取下1	9 (10%)	10 (12%)	9 (10%)	7 (8%)	4 (5%)
	60～69歳	5 (7%) 宣告1	6 (8%)	6 (8%)	10 (14%)	3 (4%)	5 (7%)
	70歳以上	3 (21%)	3 (21%)	1 (7%)	1 (7%)	1 (7%)	1 (7%)
	小計	25 (5%) 取下1宣告1	41 (9%)	58 (12%) 取下3宣告1	65 (14%) 取下2	44 (9%) 取下2宣告2	36 (8%) 取下1宣告1
女	30歳未満	7 (16%)	14 (31%)	11 (24%)	8 (18%)	3 (7%)	
	30～39歳	6 (6%)	20 (19%) 取下1	21 (20%) 宣告1	17 (16%) 宣告1	11 (10%)	7 (7%)
	40～49歳	7 (9%)	13 (17%)	10 (13%)	7 (9%)	13 (17%)	3 (4%)
	50～59歳	9 (11%)	16 (19%)	10 (12%)	11 (13%)	7 (8%)	5 (6%)
	60～69歳	13 (26%)	8 (16%)	8 (16%)	4 (8%)	4 (8%)	4 (8%) 取下1
	70歳以上	4 (67%)					
	小計	46 (12%)	71 (19%) 取下1	60 (16%) 宣告1	47 (13%) 宣告1	38 (10%)	19 (5%) 取下1
総合計		71 (8%) 取下1宣告1	112 (13%) 取下1	118 (14%) 取下3宣告2	112 (13%) 取下2宣告1	82 (10%) 取下2宣告2	55 (7%) 取下2宣告1

※　男女各年代の欄の％は，当該年代中の割合であり，小計欄の％は，当該年代の男女別合計にしめる
「取下」は，審問後破産申立てを取り下げた件数を意味し，「宣告」は，審問後破産宣告・同時廃止
出典：「金融法務事情」1475号（平成８年２月25日号）41頁の表２（同時廃止事件の性別，年齢，負債
（深野芳夫氏「東京地裁破産部における破産・和議事件の現状」

破産事件新受件数

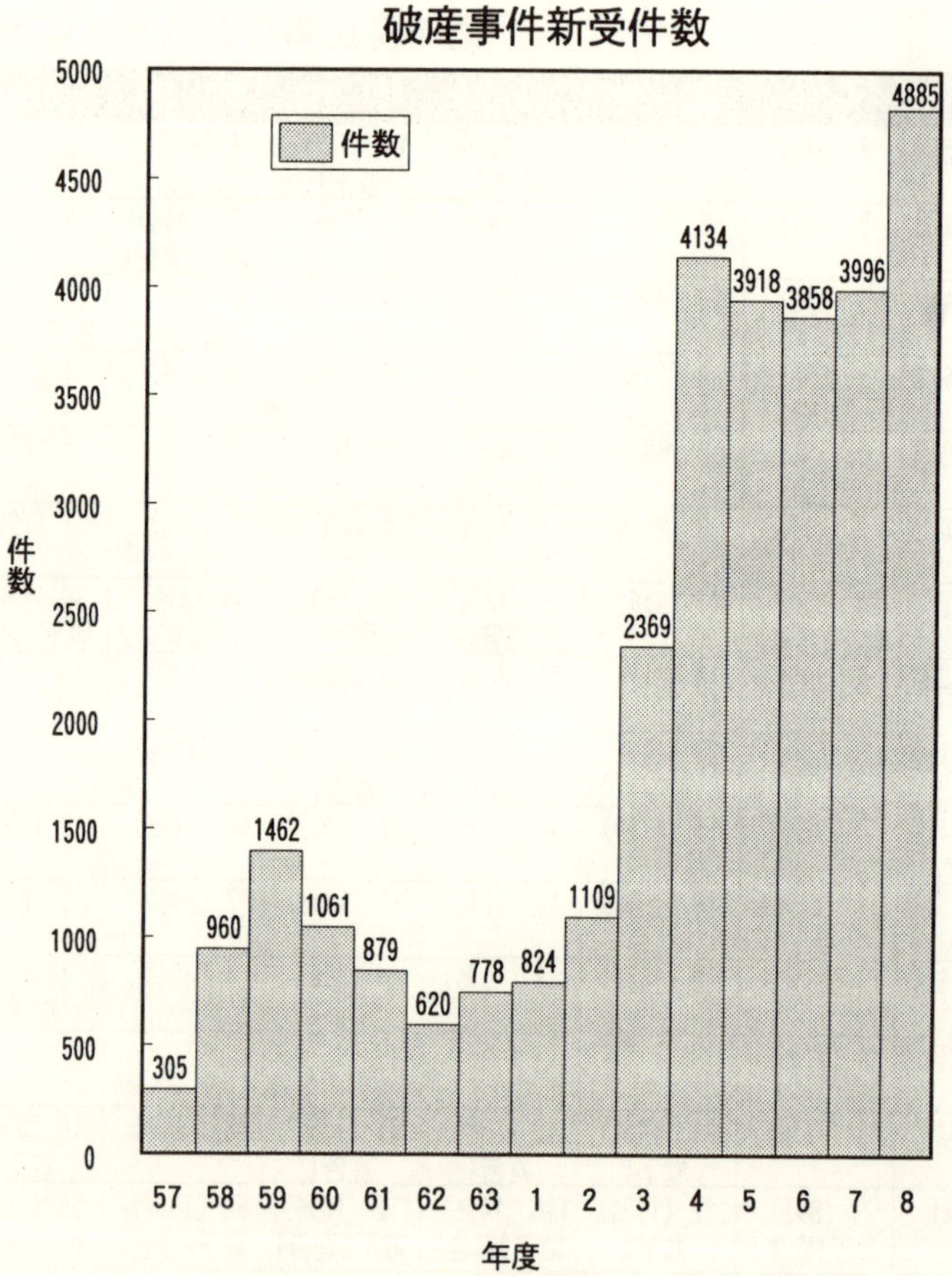

出典：「金融法務事情」1475号（平成8年2月25日号）39頁の表1（破産事件新受件数）
（深野芳夫氏「東京地裁破産部における破産・和議事件の現状」）

第1章

自己破産の手続きの流れ

一　自己破産の定義

自己破産とは、ごく簡単に言えば、「債務者（借主）の申立て」により、「裁判所」でなされる債務整理の手続きです。これから、その手続きの流れを概説していきます。

なお、弁護士に依頼せずに債務者本人で、自己破産の申立てをすることも不可能ではありませんが、できれば、弁護士に依頼をされて進めるほうが、心強いと思います。以下、弁護士に依頼された場合を想定して、概説していきます。

二　弁護士の見つけ方

まず、どこで、どんな弁護士を見つけるべきかという点が問題となります。現在、正しいルートとして、次のものが考えられます。

1　債務者の親族、友人、知人などに弁護士のツテがあれば、その弁護士を紹介してもらう

この場合には、弁護士のパーソナリティや、費用の見積りを、紹介者を介して事前に聞くこ

とができるので、本来、債務者にとって一番良い方法です。

ただし、債務者としては、かえって、身近にいる親族、友人に、借金の問題を打ち明け、弁護士の紹介まで頼むというのは、心理的に心苦しいところがあるかもしれません（借金の問題がばれるのを極度に恐れて、身近にいる親族、友人にも打ち明けられない多重債務者の人も多くいます）。

実務上は、さほど身近とは言えない知人（たとえば、勤務先の上司）から、弁護士の紹介を受けるというパターンの方が多いかもしれません。

2　弁護士会や、法律扶助協会の法律相談を受けて、弁護士を紹介してもらう

弁護士を紹介してくれる知人がいなかったり、知人などに打ち明けるのに差し障りがある場合には、弁護士会や、法律扶助協会などの公的な相談窓口を利用すべきです（**このリストは、後記二二九頁以下参照**）。

なお、整理屋などの無資格者に借金の整理を依頼するのは、絶対に避けるべきです。

三　弁護士との打ち合わせ

弁護士を見つけた後は、その弁護士と充分に打ち合わせをすることになります。債務者側では、打ち合わせの事前準備として、最低限、次のような資料を取り揃えておくべきです。

1　債権者（カード・サラ金会社）の社名、住所（取引の窓口となっていた支店の住所で良い）、電話番号を正確に書いたメモ

依頼を受けた弁護士は、全ての債権者に対し、「受任通知書」（別名、「介入通知書」ともいいます）を郵送します。その資料として、債権者（カード・サラ金会社）の社名、住所は、最低限必要になります。

これらは、債務者であれば当然分かるべき事柄です。中には、自分が借り入れた先のカード・サラ金会社の社名、住所が正確には分からないという債務者も、残念ながら現実にはいるのです。しかし、この程度のことも自分で分かっていなければ、よほど金銭管理がルーズだったと非難されることになるでしょう。弁護士に相談される前に、よく思い出して、とりまとめておくべきです。

2　カード・サラ金会社発行のカード

これらを、依頼を受けた弁護士に引き渡して、発行元のカード・サラ金会社に返却されます。

3　カード・サラ金会社から渡されたカード申込書・借用証書などの控え、利用明細書、督促状など

これらは、債務者本人にとっては、見るのも嫌なものでしょう。しかし、弁護士にとっては、借金の経過や内容を分析するのに役立つものです。債務者は、古い分まで含めて、持ち合わせのこれらの書類全部を弁護士に示すべきです（現実には、捨てたり、無くしたりして、満足には手元にない場合の方が多いのです）。

4　戸籍謄本、住民票（省略のない、世帯全員のもの）

これらは、自己破産申立ての時に、裁判所に提出するものですが、弁護士に、家族構成を理解してもらうのに、役立ちます。

また、裁判所に提出する書類の氏名は、戸籍の記載どおりに書くことが要求されます。たとえば、普段は「斉藤」という名字の書き方をしていても、戸籍上は「齊藤」と書かれているのならば、後者の古い字体で書かなければならないのです。このようなことも、打ち合わせの初めの頃から、弁護士に伝えておくと良いでしょう。

5

（勤務先から渡された）給与明細書や源泉徴収票

（年金生活者の場合には）**年金の通知書**などの年金関係の書類

（生活保護受給者の場合には）**生活保護受給証明書**などの生活保護関係の書類

債務者本人の収入を弁護士が冷静に分析するために必要になります。

6

（不動産所有者の場合には）不動産登記簿謄本

（借家住まいの場合には）**借家契約書**

以上の書類があれば、弁護士との打ち合わせはスムーズにいくはずですが、実際には、これらの書類をすぐに揃えるのも大変なようです（最低限、**1の債権者の社名、住所のリスト**は絶対に必要です）。これらの書類が揃っていなくても、債務者が、状況を正確に説明できれば、大丈夫でしょう。

四　弁護士費用、実費の問題

借金を抱えこんで手元に余裕のない債務者の方にとっては、これが最大の問題かもしれません。弁護士に頼んだときにかかる費用は、大まかにいって、**着手金**、**実費**、**報酬**、の三つに分けられます。

1 着手金とは

着手金とは、仕事に取りかかる弁護士に、手初めに渡す軍資金と考えて下さい。自己破産の仕事の開始から終結まで一年前後（場合によっては、それ以上かかることもあり得ますが、他方、東京地方裁判所本庁のようにスピードアップした運用の裁判所では、諸資料さえ整っていれば、半年前後で済むこともあり得ます）かかるのが通常であり、仕事始めにある程度の軍資金がなければ、良い仕事は期待できません。そこで、充分な着手金を得てから仕事に取りかかるのが弁護士の通例です。

自己破産の場合、平均的な着手金は二〇万円ないし三〇万円程度といったところでしょうか（債権者の数が平均よりも多かったり、事業者の自己破産などの込み入った場合には、それ以上の着手金になることもあり得ます）。

軍資金である以上は、一括で弁護士に支払うのが本来望ましいところです（債務者本人の手元に余裕がなくとも、親戚や親しい友人などが支援してくれることもあります）。しかし、どうしても一括払いが困難な場合には、弁護士によっては、ある程度の分割払いにすることもあるようです。難しいところですが、弁護士とじっくり相談されて下さい。

２　実費とは

実費とは、手続きを進めるにあたり、弁護士が立替支出する費用のことで、具体的には、郵便切手代、コピー代、交通費、裁判所に提出すべき予納金（裁判所が官報公告代などの事務経費に使う費用で、破産管財人選任ではない、同時破産廃止の場合には、約一万五〇〇〇円ないし二万円前後）などです。

３　報酬とは

報酬とは、弁護士に依頼した目的が達成された場合に、支払うものです。

自己破産の場合には、無事に免責決定が得られた後に、弁護士に支払うもので、弁護士に依頼する当初は、さほど問題にはならないでしょう。

五　どこの裁判所が自己破産を担当するのか——管轄の問題

今度は、裁判所のことを説明しましょう。自己破産が、任意整理と決定的に異なる点は、裁判所に申立てをし、その後の処理（破産宣告を出すのか出さないのか、破産宣告を出すにしても同時破産廃止とするのか、管財人を選任するのか、また、破産終結後、免責決定を出すのか、出さないのかなど）を裁判所に委ねるということになります。

どこの裁判所が担当するのかという問題（土地管轄といいます）ですが、自己破産申立て時の債務者の住所地の最寄りの地方裁判所ということになります。

地方裁判所は、各都道府県に最低でも一つはあります。本庁（メインとなる地方裁判所）のほか、支部（本庁から離れた地域を受け持つ地方裁判所）がある場合もあります。たとえば、東京都内に住んでいる債務者について言えば、二三区内および島部であれば、千代田区霞が関にある東京地方裁判所（本庁）となり、それ以外であれば、八王子にある東京地方裁判所八王子支部となります。

私見ですが、概して、支部よりも本庁の方が人員（裁判官と書記官）の数が多く、その分だけ、事件をさばくのもスムーズとなり、早く進むようです。

東京地方裁判所本庁のような大きな裁判所では、「破産部」といって破産を専門に取り扱うセクションが設けられています。しかし、小規模な裁判所では、専門のセクションはなく、裁判官が他の事件（通常の民事裁判や、強制執行など）とともに破産の事件も抱えて四苦八苦している模様です。

余談になりますが、法曹（法律専門家）人口を欧米並みに増やせという議論がさかんに唱えられています。弁護士の数を増やすのなら、裁判所のスタッフを増やすのも当然のことと思います（弁護士だけ増やして、裁判所のスタッフを増やさなければ、破産をはじめとして、全ての事件が裁判所に溜まるだけで、一向にスピードアップしないおそれが強いのです）。

自己破産は、借金の返済に万策尽きた国民の最後の救済の道です。裁判所においては、この救済の道を狭めることなく、むしろ、裁判所のスタッフの増員をはかり、破産をはじめとする、あらゆる裁判の迅速化をはかるべきなのです。

しかし、裁判所のスタッフ増員、スピードアップの実現は、そう簡単には進まないようです（国家予算のうち、裁判所に割りあてられる額が増えないのが、その一因です）。それを横目にして、サラ金の無人貸付機の方が、猛烈なスピードで全国的に普及していくというのが、わが国の悲しい実情なのです。

手続きの流れ

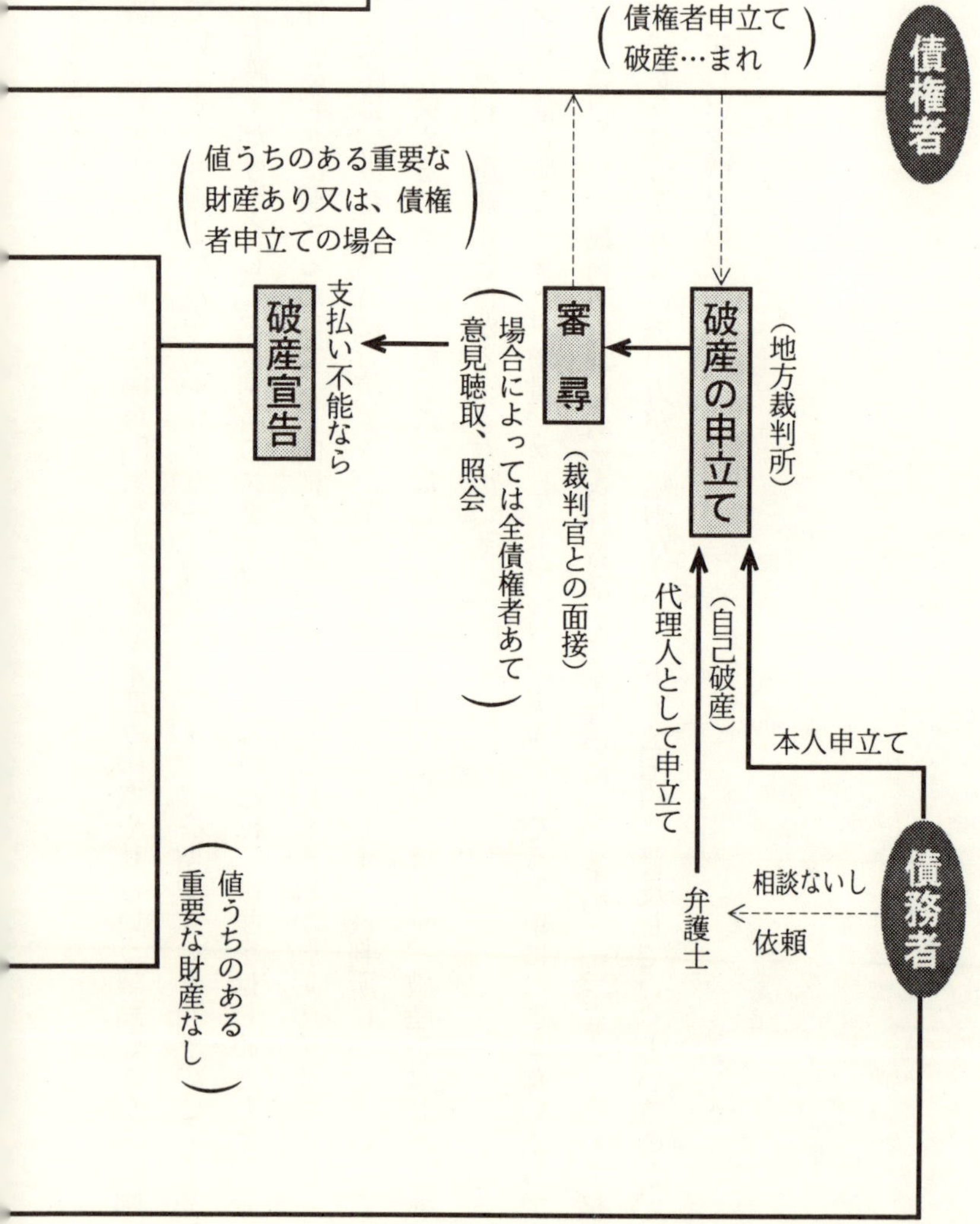
債権者
債権者申立て
破産…まれ
値うちのある重要な財産あり又は、債権者申立ての場合
破産宣告
支払い不能なら
場合によっては全債権者あて意見聴取、照会
審尋
（裁判官との面接）
破産の申立て
（地方裁判所）
代理人として申立て
（自己破産）
本人申立て
弁護士
相談ないし
依頼
債務者
値うちのある重要な財産なし

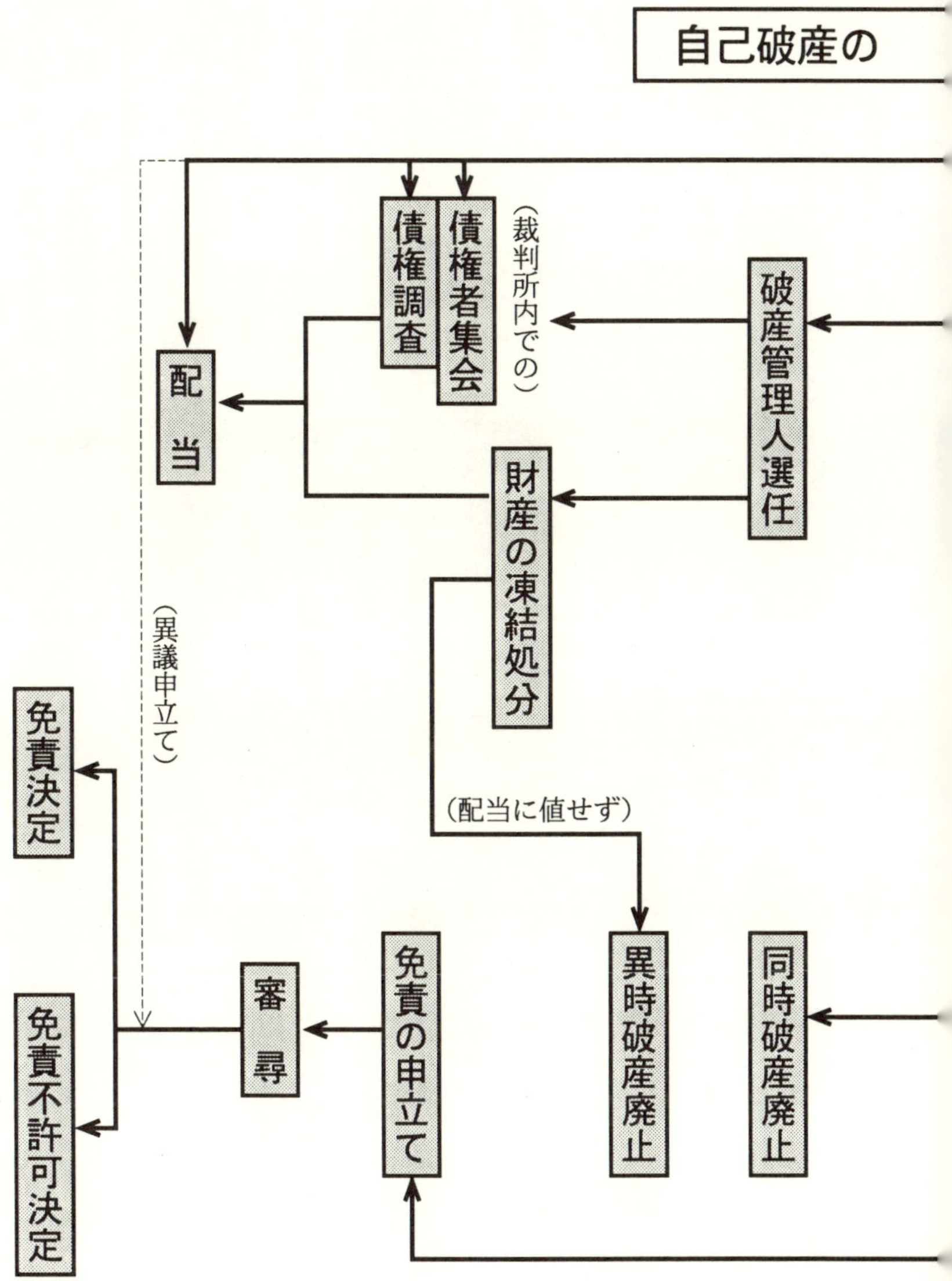
自己破産の
破産管理人選任
債権者集会
債権調査
（裁判所内での）
配当
財産の凍結処分
（配当に値せず）
異時破産廃止
同時破産廃止
免責の申立て
審尋
（異議申立て）
免責決定
免責不許可決定

六　自己破産申立書

いよいよ、本論とも言える、自己破産申立書の作成と、添付書類（自己破産申立書とともに裁判所に提出すべき書類のこと）について、説明します。

破産法上は、破産の申立ては、口頭でも可能となっていますが（**破産法一一四条**）、書面（破産申立書）を書いて、添付書類（破産申立書の付属品のような資料）とともに、裁判所に提出するのが実務の扱いです。とくに、債務者側から申し立てる自己破産の場合には、自分のことを書くわけですから、本来は、破産申立書を作るのに支障はないはずです（なお、債務者側から申し立てる自己破産のほかに、稀に債権者側から申し立てる債権者申立破産もあります）。

しかし、自分のことを書くといっても、なかなか筆が進まないのが実情でしょう。とくに、裁判所に出す書類を見たり、書いたりするというのは、長い人生でもめったにないことと思います。そこで、規模の大きな裁判所では、あらかじめ定型的な書式を用意しており、一種のアンケート方式のような感じで、債務者側が書き込みやすいようにしています（申立書の定型書式は、裁判所内の売店で売られていることが多いと思います。裁判所によって、扱いが異なることもあり得ますので、詳しく知りたい方は、最寄りの地方裁判所に問い合わせてみてはいかがでしょうか）。

もちろん、弁護士に依頼をした債務者の場合は、弁護士と打ち合わせをしながら、自己破産申立書を作ることになります（自分流に改良工夫した書式を用いる弁護士もいます）。ここでは、一般的に用いられていると思われる**書式**を例として掲げさせて頂きます。

☞ 以下、これにそって、具体的にアドバイスしていきます。

1　申立人本人の本籍、住所、氏名等

戸籍謄本、住民票記載のものと一致させて書くことが必要です（仮に、住民票上の住所と、実際の住所が異なる場合には、実際の住所を書くべきでしょうが、住民票を実際の住所に移すよう、指導されることもあります）。

とくに、名前を書く場合には、漢字の字体（古い漢字か、常用漢字か）に注意して、戸籍謄本、住民票記載のとおり書くべきです（たとえば、普段は「渡辺」でも、戸籍謄本が「渡邊」ならば、後者の古い漢字で書くべきです）。

なお、弁護士に依頼すれば、申立人本人に続けて、申立人代理人として、弁護士の事務所の

未払税金などの現状を報告するもの、**四七頁参照**）の添付も要求されます。

4　提出日付、提出先裁判所名

提出した当日の日付を書くのが望ましいようです。裁判所は、本庁と支部の違いに注意して正確に書くべきです（たとえば、東京地方裁判所本庁と東京地方裁判所八王子支部は、別々の裁判所です）。

七　添付書類

自己破産申立書とともに、一定の書類を裁判所に提出するよう要求されます。これを、添付書類などと呼んでいます。なお、自己破産申立書と同時ではなくても、後で追加提出すれば済むこともあります（「追完」といいます）。消費者の自己破産申立てで要求されるような添付書類は、一般的には、次のようなものです（裁判所によっては、次の書類のうち、一部は不要としたり、他の資料まで細かく提出を求めるなど、多少の取り扱いの違いはあります）。

1 戸籍謄本

2 住民票（本人だけのものでなく、世帯全員のもの。また、本籍地や世帯主との続柄などのデータの省略のないもの）

なお、戸籍謄本や住民票は、コピーではなく、原本の提出が要求されることが多いようです（そのほかの添付書類は、原本ではなく、コピーの提出で一応足りるようです）。

3 勤務先の給与明細書・源泉徴収票、市町村役場発行の課税（ないし非課税）証明書、年金関係の書類（生活保護受給者の場合には、生活保護関係の書類）

申立人本人の収入の有無や、その金額を調査するため、これらの書類も提出を要求されます。また、申立人本人分だけではなく、その同居の家族にも収入があれば（たとえば、妻のパート収入など）、その家族についても、これらの書類の提出を要求されることがよくあります。

4 借家契約書（持家の場合には、不動産登記簿謄本）

家賃の支出はいくらか、敷金（保証金）は過大ではないか等を調査するため、これらの書類も提出を要求されます。もちろん、持家の場合には、不動産登記簿謄本原本の提出を要求されます。

5 生命保険に加入している場合には、保険証書の写しや、（中途解約したと仮定した場合の）解約返戻金予定明細書など

生命保険の支出額の多少や解約返戻金（一定期間以上続けた、積立式の生命保険の場合には、中途解約しても、ある程度は返金が得られる場合があり、これを「解約返戻金」と呼んでいます）の有無、多少を調査するため、これらの書類の提出を要求されることがあります。

6 勤務先の退職金規定（ないし退職金の金額を裏付ける書面）

これは、退職を勧める趣旨ではなく、仮に破産宣告時点で退職したものと仮定した場合、どの程度の退職金が出そうかチェックするためのもので、退職せずにそのまま勤務を継続することは充分可能です（ただし、このような資料により客観的に算出された退職金予想額の四分の一（場合によっては八分の一）程度を勤務継続による将来の収入から積み立てて、破産債権者への配当に回せと指示されることはあり得ます）。

7　自動車保有者の場合には、自動車検査証（車検証）ないし陸運事務所発行の自動車登録事項証明書

8　負債の存在を裏づける書類（裁判所発行の支払命令・判決文、公証人作成の公正証書、あるいは督促書、借用証書控など）

東京地方裁判所本庁では、これらのうち、裁判所発行の支払命令・判決文の写しの提出は要求されますが、その他の書類はとくには要求されません（申立人側で作った債権者名簿の記載を一応、正しいものと信頼して手続きを進めます）。ただし、東京地方裁判所本庁以外の裁判所では、督促書、借用証書控など、こまごました書類の写しまで提出を要求されることがあります。

9　（弁護士に自己破産申立てを委任する場合には）委任状

10　（普段、公共料金等の自動引き落としに使用している）銀行預金通帳

自己破産申立てを決意した人の場合、普段使っている預金の残高は、ほとんどないのが通例です。裁判所が調べたいのは、残高の有無よりも、（通常の公共料金の自動引き落とし以外に）過大な生命保険に入っていないか（生命保険解約返戻金相当額も、ある程度の金額になれば、配当財源に回すよう指示される可能性が出て来ます）、その他、不自然な取引がないか、ということです。

次に掲載した自己破産申立書・陳述書の書式サンプルは平成七、八年頃、東京地方裁判所でよく使われていた標準的な個人の自己破産申立書・陳述書の書式に沿ったものですが、その後の東京地方裁判所本庁が勧める標準的な書式は、改定を経て、現在の書式は異なったものになっています（著者の個人的な見方ですが、現行の東京地方裁判所本庁の書式は、多重債務者が一人で書くよりも、弁護士と充分相談・協議しながら書くことを志向している模様であり、それなりの合理性を有するものと思います）。

自己破産申立書・陳述書の書式自体、裁判所によって、また同じ裁判所でも時期によって異なることがありますので、あえて初版掲載の書式をいじらずに、そのまま掲載することとしました（なお、平成一三年一月から、裁判所宛提出書類は、A四サイズ、横書が原則となりました）。

自己破産申立書

本籍　埼玉県○○市○町○番地
住所　〒一〇六－〇〇三二　東京都港区六本木○丁目○番○号
申立人（債務者）○○　○○
（昭和○○年○月○日生まれ）
〒一〇六－〇〇三一　東京都港区西麻布○丁目○番○号
右申立人代理人　弁護士　○○　○○

申立の趣旨

申立人（債務者）○○　○○を破産者とする。本件破産手続は、同時廃止とする。
との裁判を求める。

申立の理由

申立人は、別紙陳述書記載の事情により、債権者名簿記載の債務を負うところ、その財産、収入は別紙陳述書・財産目録等のとおりであり、既に支払停止状態にあり、破産・免責手続による公正な債務整理を得たく、本件申立に及んだ。

平成一〇年　月　日

右申立人代理人　弁護士　○○　○○

東京地方裁判所　民事二〇部（破産係）　御中

平成　年フ第　　　　号

東京地方裁判所民事二〇部　御中

陳述書

住所

氏名　　〇〇　〇〇　㊞

次のとおり陳述します。

なお、現在の生活状況については別紙「生活等の状況」、資産については別紙「資産目録」のとおり。

第一　経歴等

一　最終学歴

昭和五六年　三月　〇〇学校　　（卒業・中退）

二　過去の職歴

昭和五六年　四月から　六〇年　三月まで　（自営　勤め）
　業種（　洋服卸　）
　職場／会社名（　〇〇商会　）　地位（　ＯＬ　）
同　六〇年　四月から平成九年一〇月まで　（自営　勤め）
　業種（　コンピュータ　）
　職場／会社名（　〇〇〇〇　）　地位（　ＯＬ　）
　年　月から　年　月まで　（自営　勤め）
　業種（　　）
　職場／会社名（　　）　地位（　　）
　年　月から　年　月まで　（自営　勤め）
　業種（　　）
　職場／会社名（　　）　地位（　　）
　（自営　勤め）
（平成九年一〇月以降は、勤務先倒産により、無職）

三　離婚／離縁等の有無

相手の氏名（　　　　）以前の続柄（　　　　）

年月日（　　　年　　月　　日　離婚　離縁）

第二　債権者との状況

一　債権者との話し合いの有無　（有　無）現在、無職で定収入がなく、任意弁済の話しあいの余地すらない。

二　私的整理の有無　（有　無）

応じた債権者数（　　社）

支払った期間（　　年　　月から　　年　　月まで）

毎月の支払総額（金　　　円）

内訳（どこにいくらずつ支払ったか具体的に書いてください。）

三　支払命令・訴訟・差押・仮差押・仮処分等（有　無）

裁判所　平成　　年（　）第　　号　相手方（　　　　）

裁判所　平成　　年（　）第　　号　相手方（　　　　）

裁判所　平成　　年（　）第　　号　相手方（　　　　）

※訴状等を添付してください。

第三　手続費用について　弁護士費用（金　三〇万円）
調達方法（アルバイトをして、分割支払をしていきます。）

第四　以前の生活状況について
バー・クラブ・スナック等飲食店での飲食　（有・無）
どんなところに行ったか（　　　　　　　　）
行った時期　（　年　月ころから　年　月ころまで）
行った回数（平均すると）一か月に（　　回くらい）
使った金額（平均すると）一か月に（　　円くらい）
パチンコ・スロット・競馬・競輪・麻雀等のギャンブルの経験（有・無）
何をしたか　（　　　　　　　　）
していた時期　（　年　月ころから　年　月ころまで）
した回数　（平均すると）一か月に（　　回くらい）
使った金額（平均すると）一か月に（　　円くらい）

過去五年の間の海外への旅行経験　（有・無）
旅行回数　（〇　回）
過去五年の間に一〇万円以上の商品を購入した場合はその品名、価格をすべて書いてください。
今から約二年前に、中古車を代金約一〇万円で購入（ただし、既に廃車処分した。）

第五　債務負担の経緯、破産申立に至った事情

一、中立人が現在負担している負債は、カード会社等から借り入れたもので、現在一〇業者からの負債総額は約金三〇〇万円である。

二、申立人の負債は、平成七年頃より、主に生活費の補充として高利・小口の借り入れをしたことから始まった。当時の申立人は、年収三〇〇万円（平均月収二〇万円、賞与三〇万円×年二回）程度を得ていたが、不況で残業手当や賞与が大幅にカットされ、平成七年頃より家計は赤字気味となり、当座の不足を補うため、カード会社より高利・小口の借り入れを始めた。

三、その後、平成八年後半に至り、勤務先のコンピューター会社からは、賞与カット、さらには給料遅配が始まり、当座の生活費の不足穴埋めのために、カードの他、消費者金融からも借り入れを開始した。

しかし、あっという間に、カード、消費者金融からの借り入れは、二〇〇万円に膨らみ、平

成九年夏からは、毎月下旬の返済資金を工面するために、新たな借り入れに頼る事態となり、同年一〇月の時点で、債権者は一〇社、負債総額約三〇〇万円にも膨らんだ。

四、その直後、勤務先の会社は倒産し、申立人も職を失った。現在、雇用保険として毎月約一五万円を得ているが、これでは、家賃、光熱費、食費を維持するので精一杯である。他方、債権者一〇社へ約定どおりの支払いをするとすれば、合計毎月一五万円以上となり、雇用保険の打ち切り期日も近づいており、負債総額の返済のめどがたたなくなった。

五、申立人には、不動産、有価証券、生命保険解約返戻金、自動車等の換金に値するめぼしい資産はなく、無職の現状に照らして、任意整理の余地もないものと思われる。

申立人は、一人暮らしであり、その親族は遠方にいる上に、余裕もなく（父母は年金生活で、申立人は兄弟とは行き来がない）、申立人の負債を整理できる余力はない。

多額の負債をこのまま放置すれば、高利の遅延損害金の増殖、債権者の取立てによる混乱や、それを免れるための一時しのぎのさらなる無理な借財による雪だるま式の負債の増加を招くのは必至であり、それを、回避するためのやむを得ない手段として、自己破産による公正な債務整理を得たく本申立に及んだ。

資産目録

一　負債総額　（金　約三〇〇万円）　債権者数　（一〇名）

二　現　金　（無　有→金額　円）

　　預貯金　（無　有→金額　円）

　　　　└預金通帳の写しを添付してください。

三　不動産（土地建物）（無　有）

　　　　└登記簿謄本を添付してください。

四　最近（過去二年間）処分した不動産（代物弁済等も含む）

　　（無　有）

　　　　└登記簿謄本を添付してください。

五　自動車　（無　有）

　　　　└車検証の写しを添付してください。

六　最近（過去二年間）処分した自動車

　　（無　有）

処分した日（八年一二月頃日）（廃車処分）

七　ゴルフ、レジャークラブ等の会員権　（無　有→時価合計　　円）

八　株券等の有価証券　（無　有→時価合計　　円）

九　電話　（無　有→本数　一本、担保設定　有　無）

一〇　生命保険の加入　（無　有）

保険契約証書及び現在解約した場合の解約返戻金の証明書を添付してください。

一一　売掛金／貸金　（無　有）

相手の所在等、回収の見込みについて書いた書面を添付してください。

一二　過去二年間に離婚／離縁した場合の財産分与　（無　有）

金銭を支払ったり受け取ったりした場合はその日時及び金額、不動産等を渡したり受け取った場合は登記簿謄本を添付してください。

一三　過去に相続した不動産等の状況

無　有　（分からない）
明細書を添付してください。

一四　過去二年間に受け取った退職金（退職の日→　年　月　日）

無　有→受領金額　　円）
費消した場合は使途を書いて添付してください。

一五　その他財産的価値のあるもの（**貴金属等**）

無　有→種類　　、時価合計額　　円）

生活等の状況

一　現在の職業（自営　勤め　無職）

業種（　　　）　職場／会社名（　　　　　）

地位（　　　）　就職した日（　　　年　　月　　日）

退職金制度（勤めの方のみ）（有　無）

┌申立日現在で退職した場合の退職金見込額の支給証明書を添付してください。

二　収入の状況（本人）

月収（約一五万円）

内訳　自営収入　（　　　円）→税金申告書（過去二年分）を添付してください。

勤務先からの給与等（　　　円）→給与明細書（過去二カ月分）と源泉徴収票を添付してください。

最近出た賞与の額（　　　円）→（受領日　　年　　月）

年金等（　　　円）→受給証明書を添付してください。

生活保護等（約一五万円）→受給証明書を添付してください。

（失業保険、但し、近々支給打ち切りの予定）

三　家族、同居人の状況

氏名	続柄	年齢	同居の有無	職業	月収
（なし）	（　）	（　）	（同居　別居）	（　）	（　円）
（　）	（　）	（　）	（同居　別居）	（　）	（　円）
（　）	（　）	（　）	（同居　別居）	（　）	（　円）
（　）	（　）	（　）	（同居　別居）	（　）	（　円）

※家族、同居人で収入のある人についてはその給与明細書もしくは源泉徴収票を添付してください。

四　現在の住居の状況

居住を開始した日（平成七年一二月一日）

（借家・アパート／賃貸マンション・社宅／寮・公団賃貸住宅・都営住宅・持家）

※持家に居住している場合は、登記簿謄本を添付してください。

所有者名（　）→申立人との関係（　）

※借家等賃貸家屋に居住している方は、賃貸借契約書または住宅使用許可書を添付してください。

家賃（七万円）（管理費込）　敷金（一四万円）

滞納額（七万円）　賃借人名（本人）

五　過去に破産宣告をうけたことが（ある）（ない）→（　年　月　日　地方裁判所）

家計の状況（平成10年1月分）

収入		支出	
費目	金額（円）	費目	金額（円）
失業保険（本人）	（約15万円）	住居費（家賃／地代／寮費）	（　7万円）
給料（配偶者）	（　　円）	駐車場代	（　　円）
（　　）	（　　円）	食費	（　5万円）
		電気代	（　　円）
		ガス代	（ 2万円）
		水道代	（　　円）
収入合計	（　15万円）	電話代	（ 5,000円）
		新聞代等	（　　円）
		保険掛金	（　　円）
		月賦代金	（　　円）
		ガソリン代	（　　円）
		医療費	（　　円）
		被服費	（　　円）
		教育費（　　）	（　　円）
		交際費（　　）	（　　円）
		遊興費（　　）	（　　円）
		その他（　交通費　） └具体的に書いてください。	（ 5,000円）
		支出合計	（　15万円）

公租公課の支払状況

所得税	未納分（無	有→	円）
住民税	未納分（無	有→	円）
固定資産税	未納分（無	有→	円）
国民健康保険料	未納分（無	有→	円）
国民年金	未納分（無	有→	円）
自動車税	未納分（無	有→	円）
事業税	未納分（無	有→	円）
その他（　　　）	未納分（無	有→	円）
（　　　）	未納分（無	有→	円）

負債の状況（ニ）平成　年（フ）第　号
（債権者名簿　　平成　年（モ）第　号）　破産者（　　　　　）

	債権者の 住所…………… 氏名……………	平成 年　月　日	発生 原因	金　額 円	現在の金額 円	使途
1	〒　東京都新宿区〇〇… ㈱〇〇ファイナンス	7．12月	1	約50万円	320,000	2．3
2	…………………………… ……………………………					
3	…………………………… ……………………………					
4	…………………………… ……………………………					
5	…………………………… ……………………………					
6	…………………………… ……………………………					
7	…………………………… ……………………………					
8	…………………………… ……………………………					
9	…………………………… ……………………………					
10	…………………………… ……………………………					
	合　計　額 （小　計　額）					

（注）⑴発生原因欄には，次の中から該当番号を選択して記入し，年，月，日欄に，その日付を記入すること。
1　借入　2　購入（クレジット購入を含む）　3　保証　4　その他（具体的に記入のこと）
⑵使途欄には次の中から該当番号を選択して記入すること。
1　遊興費　2　生活費　3　債務の返済　4　他人の保証　5　その他（具体的に記入のこと）

八　自己破産申立書の提出後、審尋期日まで

1　提出の下準備

自己破産申立書とその添付書類を、裁判所に提出する段階のことを説明します。

申立書には、収入印紙六〇〇円（自己破産申立書と免責申立書を同時に同一の申立書で行う場合には、収入印紙は九〇〇円）を貼り、さらに、裁判所との事務連絡用の郵便切手（予納郵券と呼びます）および予納金（官報公告代などの事務経費に充てる費用）とともに裁判所に提出します（予納郵券や予納金の金額や内訳は、裁判所によって異なりますが、平成一三年四月現在の東京地方裁判所本庁の場合を例にすれば、左記記載のとおりです）。

破産事件の手続費用一覧

①申立手数料（貼付印紙税）

個人自己破産及び免責申立て	900円
法人自己破産申立て	600円
債権者破産申立て	10,000円

②予納金基準額

同時廃止事件

即日面接事件	14,170円
上記以外	20,000円

少額管財事件

法人少額管財事件	3,457円　個人1名につき16,413円
個人少額管財事件	20万円及び個人1名につき16,413円

破産管財人選任事件（少額管財事件を除く）

負債総額	法人	自然人
5,000万円未満	70万円	50万円
5,000万円～　1億円未満	100万円	80万円
1億円～　5億円未満	200万円	150万円
5億円～　10億円未満	300万円	250万円
10億円～　50億円未満	400万円	
50億円～　100億円未満	500万円	
100億円～　250億円未満	700万円	
250億円～　500億円未満	800万円	
500億円～1,000億円	1,000万円	
1,000億円以上	1,000万円以上	

③予納郵券

破産管財人選任事件（少額管財事件を除く）		同時廃止事件・少額管財事件	
500円	2枚	400円	5枚
430円	15枚	80円	24枚
400円	10枚	10円	8枚
80円	30枚		
10円	25枚		
合計	14,100円	合計	4,000円

2　提　出

以上の提出が済めば、裁判所の方で事件番号を付します。この事件番号は、裁判所との連絡の際に必要となりますから、しっかりメモをしておくべきです（多数の事件を抱える裁判所では、申立人の氏名だけでは検索が困難となりますので、受理した順番で、事件番号を付していきます。裁判所によっては、事件番号を書いた票を渡してくれるところもあります。なお、従前は、自己破産申立書と免責申立書を同時に受け付けることに消極的な裁判所もありましたが、最近では、東京地方裁判所をはじめとして、免責申立書の出し忘れを予防するため、同時に受け付ける運用が広がっています）。

3　審　尋

その後、指定された日時に裁判所に足を運んで、破産の「審尋」（審問とも呼びます。簡単に言えば、非公開で行う裁判官との面接のことです）を行うことになります。すなわち、破産宣告を出す前に、自己破産申立書や、添付書類で示された事柄につき、誤りがないかを、裁判官から、申立人本人に問い尋ねるという手続きです（申立人が弁護士に依頼していれば、申立人本人とともに弁護士も同席するのが通常です）。

ここで注意すべきは、通常のクレジット・サラ金破産（不動産などの重要な資産がない、非事業者の場合）の場合には、すぐには、審尋の日（審尋期日）が入らないということです。時期や裁判所にもよりますが、中立ての受理後、審尋の日が来るまで、数カ月程度待たされるのが通例でした（なお、各地の裁判所により違いはありますが、それでも最近は、平成一〇年頃と比べれば、相当スピードアップしています）。さらに、添付書類などの追加提出（追完）を裁判所から指示されている場合には、これが揃ってから、初めて審尋期日が指定されるのが一般的です。

他方、事業者や法人の自己破産の場合には、資産（在庫商品や未収の売掛金など）の散逸を予防するため、中立て直後に審尋を行い、早急に破産宣告を下す（破産管財人を選任する場合が多い）のが一般的です。本書は、通常のクレジット・サラ金破産の解説が目的ですから、以下、事業者や法人については、必要な場合以外は触れません。

なお、東京地方裁判所本庁では、後述（**一五三頁参照**）のように、即日審尋・即日宣告と称して、所定の資料が中立段階で整っており、問題が無いと思われる事案では、中立当日に、審尋を実施し、その直後に破産宣告を出すという相当スピーディーな運用も行われています（給料差押えなどの強制執行を打ち消す免責決定を早期に取りたいという多重債務者にとっては、有益な運用です。ただし、全てが即日審尋・即日宣告の対象となる訳ではなく、資料が整っていることに加え、資産の有無や免責不許可事由の調査などの問題が無いことが必要となります。裏から言えば、何かしらの問題があると思われる事案では、スピードよりも審理の慎重さに重きがおかれます)。

4 個人のクレジット・サラ金破産の場合、審尋期日や破産宣告日までの間、クレジット・サラ金からの取立てがどうなるのか、という問題があります

結論から言えば、債権者が、登録された正規の貸金業者であるならば、弁護士が自己破産申立ての依頼を受けた旨の通知書(受任通知書ないし介入通知書といいます)を出すか、あるいは弁護士に依頼していない場合には、破産申立てをしたことを債務者本人から債権者に通知すれば、債務者本人の自宅や勤務先への督促は見合わされるという建前になっています(大蔵省銀行局長通達(を承継した金融庁ガイドライン)により、貸金業者に対し、このように指導されています)。弁護士に依頼しない本人で破産申立てをする場合、取立てを見合わせてもらうためには、何はともあれ、一日でも早く自己破産申立てをして、事件番号を債権者に通知することが必要です。

5 受任通知書(介入通知書)・破産事件番号通知書

このように、貸金業者による取立てを牽制するため、受任通知書（介入通知書）や、破産事件番号の通知書を債権者宛に郵送することとなります。

もちろん、裁判所からも、破産宣告が出た段階で「破産宣告決定書」を債権者宛に郵送します。しかし、弁護士による介入や、自己破産申立ての時点から、破産宣告が下される間（東京地方裁判所本庁で試みられている即日審尋・即日宣告の運用でない限り）、現状では、ある程度の日数（数カ月）を要するのが通例となっているため、債務者側からも、積極的に債権者に通知することとなります。

ところで、事案によっては、事実関係や債権者の意向を調査するため、破産宣告を下す以前に、裁判所の方から進んで、債権者宛に「意見聴取書」や「照会書」という書類を郵送することも、たまにあります。

自己破産の場合には、申立書や債務者本人に対する審尋（面接）を通じて、一定の調査が行われますが、これらでは、申立人である債務者側の言い分しか出て来ません。そこで、裁判所によっては、審尋と並行して、裁判所より、直接、債権者宛に「意見聴取書」や「照会書」を郵送して、債権者側の言い分を聞くこともあります。かつての東京地方裁判所では、同時破産廃止を求める通常のクレサラ破産においても、慎重を期して、債権者へ「意見聴取書」を郵送していました。しかし、バブル崩壊後事件数が増加し、事務処理を簡略にするため、平成四年ごろより「意見聴取」は、原則として行わない取り扱いとなっています。ただし、手持ちの財産に比べ負債額や件数が多かったり、貸金業者ではない個人の債権者がいるなどの場合には、例外的に、「意見聴取」がなされるようです。

このように、例外的とはいえ、債権者に対する意見聴取もあり得る訳ですから、自己破産申立書には、嘘は書かず、事実をありのままに書くべきであるということになります。

（書式）受任（介入）通知書

受任通知書

前略　当職は、このたび後記記載の者の依頼により、同人の負債の整理について受任することになりましたので御通知申し上げげます。つきましては、貴社から直接本人、親族、勤務先等に御請求その他の行為がありますと、トラブルのもとになりますので、今後本件に関する御連絡は受任弁護士宛になされるようお願い致します。

後記債務者の債務整理の方法としては、所轄地方裁判所における自己破産申立を予定しております（申立受理後、裁判所の事件番号を改めてお伝えする予定です）。

昭和五八年九月三〇日大蔵省銀行局長通達二六〇二号（登録された貸金業者に対する取引経過の開示義務を定める）に則り、同封の「債権調査書」書式にて、取引経過を御記入の上、本年〇月末日までに必ず御返送されるよう要請致します。　草々

（債務者本人の表示）

現住所千葉県千葉市×区×町×丁目×番×号

氏　名　甲山　乙太郎

生年月日　昭和×年×月×日生

平成一〇年一月〇日

甲山　乙太郎代理人弁護士　乙川　甲太郎

債権者各位

以上

自己破産申立受理及び裁判所事件番号のお知らせ

平成一〇年　月　日

債務者・甲山乙太郎
代理人弁護士　乙川甲太郎

債権者各位

前略　貴社益々御清栄のことと御慶び申し上げます。債務者・甲山乙太郎（住所…、生年月日…）につき、公正な債務整理を目指して、今般、自己破産申立を行い、平成一〇年月　日、…地方裁判所にて正式に受理されました（同裁判所が付した事件番号は、平成一〇年（フ）第…号）です。

今後、同裁判所より、債権者各位宛に御通知等がなされることもあろうかと存じますが、破産・免責手続きの進行に御協力のほどお願い申し上げます。　草々

九　同時破産廃止と管財事件

裁判所での審尋を受けて、支払不能と認定されれば、破産宣告が下されます。支払不能とは、厳密に言えば、難しいものなのですが、簡単に言えば、申立人（債務者）の現時点の財産や収入をもっては、その負債を支払いきれない状態と考えれば良いでしょう。

稀でしょうが、審尋の結果、支払不能ではないと認定されれば、破産宣告は出ません（このような場合には、財産、収入をもって支払可能という訳ですから、任意整理や特定調停、或いは平成一三年四月から新たに設けられた個人債務者再生手続などを活用して、支払いに努めることになるでしょう）。

破産すれば、裁判所より、「破産宣告決定書」が申立人に渡されます。また、債権者名簿に載せた各債権者に対しても、裁判所より、破産宣告決定書が郵送されます。さらに、官報にも、破産した旨が掲載されます（一般の人が官報自体に目をとおすのは稀でしょうが、今後、官報がインターネットで容易に閲覧可能となると、そうとは言い切れなくなります。何でもインターネット化すれば良いという安易な考えには、反対せざるを得ません）。

以上が、破産宣告の概要ですが、その内容としては、「同時破産廃止」と「管財事件」という二つの異なった扱いがあることは充分理解して下さい。

不動産などの資産がある破産者の場合には、原則として破産管財人を裁判所が選任します。この破産管財人により、資産の処分が進められて、債権者への配当が進められます（これを、管財事件と呼びます）。

他方、めぼしい資産がない通常のクレジット・サラ金破産の場合には、破産管財人が選任されず、破産宣告と同時に破産手続きを打ち切り、すぐに免責申立てができるような状態になるのが一般的です（破産宣告と同時に破産手続きを打ち切る〔廃止する〕ので、堅苦しい呼び方ですが、正式には、同時破産廃止と呼んでいます）。実務的には、個人の自己破産のうち、大半は、同時破産廃止といって良いでしょう（なお、東京地方裁判所本庁では、後述（**一四六頁参照**）のように、同時破産廃止と正式の管財事件の折衷的な運用として、少額管財事件というパターンも最近始まっており、従来は同時破産廃止として処理されていた案件のうち、ある程度のものは少額管財事件にシフトしてきています）。

一〇　免責申立以降

さらに注意すべきことは、破産宣告だけでは（同時破産廃止であれ、管財事件であれ）、債務（借金）は消えないということです。

債務（借金）の重荷から免れるためには、破産宣告を出した裁判所に対し、免責の申立てを行うことが必要です。

免責申立てのタイムリミットは、管財事件であれば、破産終結時まで、同時破産廃止であれば、破産宣告確定後一カ月以内までとなります。出し忘れることを予防するため、いずれも早期に出した方が良いでしょう。同時破産廃止の場合、出し忘れ予防のため、破産宣告当日に、免責申立てをするよう、指導している裁判所もあります。

免責の申立ては、免責申立書と添付書類（債権者名簿、陳述書など）を裁判所に提出して行います。

そして、数カ月後に、免責の可否を決めるための審尋を裁判所で行い、免責不許可事由や裁量免責を妨げる事情がなければ、免責決定が得られることとなります。

破産宣告（同時廃止）決定書の例

平成九年（フ）第○○号破産申立事件

東京都○区○○町○○丁目○○番○号
債務者　甲山乙太郎

決　定

主　文

債務者甲山乙太郎を破産者とする。
本件破産を廃止する。

理　由

一件記録によれば、債務者が支払不能の財産状態にあり、かつ、破産財団をもって破産手続きの費用を償うに足りないことは明らかである。
よって、破産法一二六条一項、一四五条一項を適用して主文のとおり決定する。

平成一〇年○月○○日午後○時宣告
東京地方裁判所民事第二〇部
裁判官　××××

右記は正本である。
前同日
東京地方裁判所民事第二〇部
裁判所書記官　××××

免責決定書の例

平成九年（モ）第○○号
（平成九年（フ）第○○号平成九年○月○○日午後○時破産宣告）

決　定

本籍　東京都○区○○町○番地
住所　東京都○区○○町○○丁目○番○号
破産者　甲山乙太郎

主　文

破産者甲山乙太郎を免責する。

理　由

破産者には破産法三六六条ノ九所定の免責不許可事由に該当する事実は認められない。

平成九年○月○日
東京地方裁判所民事第二〇部
裁判官　××××

上記は正本である。
前同日
東京地方裁判所民事第二〇部
裁判所書記官　××××

第2章 自己破産、任意整理などに関するQ＆A

この章では、自己破産や任意整理、その他の借金に関する問題全般について、一般の方が疑問に感じやすい点をピックアップして、Ｑ＆Ａ形式で述べてみました。同じような事柄が何度も出てくることがありますが、登場回数が多いのは、重要な事柄と考えて下さい。また、やや専門的な事柄まで踏み込んでみましたので、読者の方の必要に応じて、飛ばし読みされて構いません。

なお、法律上の問題では、自然科学などとは異なり、立場、主義主張に応じて、解決の道筋や結論が異なることが往々にしてあります。Ａ（回答）部分は、あくまでも、筆者の見解に過ぎず、他の意見も有り得ることを御了解下さい。

ところで、実務では、日々、教科書にないような新しい問題が発生してきます。以下のＱ＆Ａは、筆者の経験から、思い浮かんだものを載せてみましたが、新たな問題点があれば、版を改める際に順次付け加えていく予定です。

1 破産すると戸籍に傷がつくのか

Q

破産すると戸籍や住民票に破産者と書かれてしまい、破産者本人はおろか、その家族や子孫までもが末代まで恥をかくと聞きましたが、本当ですか。

A

結論から、述べれば、そのようなことは全くありません。

現在のわが国では、破産をしても、その旨を戸籍や住民票に載せることはありません。したがって、戸籍・住民票に載せられるというのは、全くの誤解であり、心配する必要はありません（しかし、いかなる訳か、戸籍・住民票に載せられるという誤解に基づく俗説は、世間にはわりと根強くあるようです。また、場合によっては、債権者側で、この俗説を、ことさら真実のように債務者にいい聞かせて、自己破産申立てをさせずらくするようにすることもあるのかもしれません）。

ただし、破産宣告を出した裁判所から、破産者の本籍地の市町村役場宛に通知がなされ、市町村役場内にある「破産者名簿」に記載されることはあります。この破産者名簿とは、ここに記載された人について、市町村役場から、「身分証明書」（破産者ではないことの証明書）を発行させないためのものです。この身分証明書とは、本人以外の者には発行しないものであり、住民票や戸籍とは異なり、部外者が見ることは不可能です。したがって、市町村役場の破産者名簿への記載がなされても、「その家族や子孫までもが末代までも恥をかく」ということはあり得ません。

なお、破産とは異なり、（平成一二年四月に廃止された制度ですが）「禁治産」ないし「準禁治産」の場合には、従前は戸籍に記載されていました。しかし、そもそも、これらは破産とは全く異なる制度です（禁治産とは、心神喪失者に対し、準禁治産とは、心神耗弱者や高度の浪費者に対し、家庭裁判所が、財産散逸等を予防するために命ずるものです。一般的には、相当の資産をもっているが、精神に高度の変調をきたした人に対してなされるものであり、そもそも、借金を返済できるほどの資産がないから下される破産とは、次元が異なります。しかも、このように戸籍に記載されていた禁治産、準禁治産の制度も平成一二年四月以降は、戸籍に記載されない「補助・補佐・後見」という制度に代わりました）。

ひょっとしたら、「破産したら、戸籍・住民票に載せられる」という俗説は、誤解により、破産と禁治産を混同したことから発生しているのかもしれません。

2 身分証明書（破産者ではないことの証明書）とは何か

Q

破産しても、戸籍や住民票には載らないということは、分かりました。

それでは、破産すると発行してもらえない「身分証明書」（破産者ではないことの証明書）とは一体どんなものですか。また、これがないと不自由をすることがありますか。

A

まず、「身分証明書」（破産者ではないことの証明書）がないと不自由をすることがあるかという質問から答えます。一般の私生活では、これがなくてもとくに問題はありません（たとえば、運転免許や、パスポートを取るときも、この証明書は不要です）。

では、「身分証明書」（破産者ではないことの証明書）が必要とされるのは、一体どんな場合でしょうか。

たとえば、破産者ではないことが、一定の資格の条件とされている場合（たとえば、弁護士、公認会計士、税理士、宅地建物取引主任者の資格）です。この場合には、破産者ではないことを本籍地の市町村役場で証明してもらう必要があり、この証明の手段として、「身分証明書」を市町村役場から取り寄せて、資格を付与する団体等に提出する必要があります（なお、プライバシー保護のため、本人の関与がなければ、市町村役場では発行しません）。

したがって、この身分証明書が必要とされる場合は、極めて少なく、これがなくても、日常の社会生活には問題なしと言えます。

なお、仮に、破産しても、後日、免責決定が確定すれば、その旨、裁判所から再び本籍地の市町村役場に通知がなされて、その後は、破産者名簿から外され、「身分証明書」が発行されることとなります。

3　破産すると、選挙権はどうなるのか

Q　**破産すると、選挙権がなくなるそうですが、本当ですか。**

A　このような噂も、先程の「破産すると戸籍や住民票に載る」という俗説と同様、世間一般には根強くあるものですが、**結論から述べれば、全くの誤りです。**破産しても（仮に、万が一、免責決定が得られなくても）選挙権が奪われることはありません。

ただし、破産宣告を受けて、同時破産廃止ではなく、破産管財人が裁判所によって付けられた場合には、破産手続中の破産者宛の郵便物全部が破産管財人に転送されるという制約（**破産法一九〇条**）があります。投票日の直前に、市町村の選挙管理委員会から有権者宛に郵送される通知書（投票場で投票用紙と交換される）が、直接には破産者には郵送されず、一旦、破産管財人に転送されるということになります。この場合でも、破産者から、破産管財人に要求すれば、選挙通知書を交付してくれるはずです。また、一般のクレジット・サラ金破産の大部分

を占める同時破産廃止の場合では、そもそも、破産管財人が付されず、郵便物の転送ということもなく、選挙の通知書は直接、破産者宛に届くこととなります。

さらに、投票場においては、だれが破産者であるかということも分かりません。したがって、破産者であることをもって、投票を拒否されることもあり得ません。

2種類の破産

	管財事件	同時破産廃止
破産管財人の有無	有	無
ふりわけの基準	換金できる高価な財産あり ↓ 破産管財人により，処分，配当される	換金できる高価な財産なし
郵便物の転送	破産管財人に転送される	転送なし
破産者の選挙権	選挙権に影響なし	

4　破産すると、勤務先の会社をクビになるのか

Q

破産すると、勤務先の会社をクビになり、また、再就職もできないという噂を聞きましたが、本当ですか。

A

結論から述べれば、このような噂も、先程の俗説と同様、誤りです。

そもそも、従業員が破産したことを会社が知っても、会社側は、この従業員を解雇できません。また、破産したことが、勤務先の会社に知られること自体、極めて稀です（破産宣告を出した裁判所は、破産した旨を「官報」には公告しますが、破産者の勤務先には、通知しません）。

むしろ、世上多くあるのは、次のようなパターンです。すなわち、債務者（従業員）において、破産に踏み切れずに、債権者への支払いをずるずると引き伸ばしているうちに、債権者から勤務先にも督促がいくようになります。これにより、多重債務に陥っていることが、職場に

ばれてしまい、同僚や上司から嫌がられ、事実上、職場に行きずらくなるということです。

しかし、自己破産申立てを行い、その旨を債権者に知らせれば、貸金業法の規制により、職場への督促も当然止むはずですから、このような事態は回避されます。

また、仮に、破産申立て前に、職場宛に督促がいっても、会社側は、その従業員を解雇できないのです（従業員が破産宣告を受けたことですら、一般的には、解雇の理由にはなりえません。まだ破産宣告が出ていない督促の段階では、解雇の理由とはならないのは当然です）。

そこで、世上よくあるのは、次のようなパターンです。すなわち、「解雇」（会社側から、従業員に対して、雇用関係の解消を一方的にいい渡すこと）という形式をとらずに、「辞職」（従業員側から、辞めさせてほしいと会社に申し出ること、「退職」、「退社」ともいいます）を暗に従業員に勧告し、従業員の方から「辞職（退職、退社）願い」を会社に提出させるというケースが多いようです。

しかし、このような辞職勧告は、実質的には、解雇に対する規制を潜脱しようとするものであり、疑問といわざるを得ません（会社側からの解雇に対しては、裁判所や労働基準監督署は厳しいチェックをしますが、従業員側からの辞職ならば、チェックは弱いからです）。

また、あくまで「勧告」である以上は、従業員側では、この勧告を受け入れるか、拒絶するかの選択の自由があるはずです。従業員において、納得がいかなければ、辞職勧告に対して断固拒絶すべきです。

もちろん、破産に踏み切れず、支払いをずるずると引き伸ばしたことにより、勤務先にも督促が行けば、職場の同僚や上司に迷惑（督促への対応を債務者本人に代わって同僚や上司がやらざるをえません）がかかります。このような事態は、決して好ましいことではなく、その前に、弁護士と相談する等して、破産ないし任意整理を始めるべきです（なお、以上の解説は、特別の資格を要しない一般のサラリーマンについての話です。破産すると失われる可能性のある特別の資格については、次項で述べます）。

5 破産中は、失われる「資格」は何か

Q **破産しても、会社からクビにすることは通常はないということは分かりましたが、破産すると失う「資格」があると聞きました。それは、何ですか。**

A 破産すると資格を得られなかったり、既にもっている資格を失う可能性もあります。その実例は、後述のとおりですが、大半は特殊な資格であり、ごく一般のサラリーマン、ＯＬの場合は無関係といって良いでしょう。ごく一般の公務員も、民間企業のサラリーマン、ＯＬと同じく、破産宣告を受けただけでは、クビにはなりません。大まかにいえば、他人の財産を管理するような資格の場合には、破産による制限がありえるとイメージして下さい。たとえば、他人の財産、権利に携わる弁護士、公認会計士、税理士は、破産すれば資格を失いますが、他人の生命に携わる医師、看護婦、薬剤師は、破産しても資格は失われないので

す。

なお、破産による資格制限は、破産管財人が選任される破産手続き（管財事件）の場合のみならず、破産管財人が選任されない簡略化された破産（同時破産廃止）の場合も、同様にあてはまります。ただし、いずれの場合にしろ、免責決定が確定すれば、これらの資格制限は、当然に解消されます（当然「復権」といいます）。なお、（資格といえるかどうかは別にして）運転免許や、パスポートは、破産しても何ら影響はありません。

資格制限の有無は、破産法ではなく、これらの資格を定める法律に個別に分散されて書かれており、大変、わかりずらくなっています。気になる場合には、これらの資格を担当する役所などに、（匿名で）問い合わせてみてはいかがでしょうか。

破産により資格が制限される可能性のあるもの
弁護士、公認会計士、税理士、司法書士、不動産鑑定士、土地家屋調査士、宅地建物取引業者・宅地建物取引主任者、生命保険募集人・損害保険代理店、警備員、会社の取締役・監査役など

6 ブラックリストとは、何か

Q **破産の申立てをするとカード会社やサラ金のブラックリストに載せられると聞きましたが、ブラックリストとは何ですか。また、ブラックリストに載せられると不都合なことがありますか。**

A **ブラックリスト**とは、カード会社やサラ金などの業界団体が作った信用情報の俗称です。ある債務者について、自己破産の申立てや、弁護士介入（自己破産申立てや任意整理をスタートするにあたり、債務者本人への取立てをやめさせるため、弁護士が介入する旨の通知を出すこと）、一定期間以上の債務不履行（支払いの遅れ）などが発生した場合、その債務者に対し、相当期間（経済情勢により変動もありえますが、通常七年程度といわれています）、新しい融資やカード利用を拒むためのものです。

相当期間、新たなカード利用による購入やキャッシング、貸金業者や金融機関からの融資が得られないという点では、一見すれば、不都合なようです。しかし、冷静に考えれば、いったん破綻した多重債務者に対して、債権者が、このような扱いをするのは、当然のことなのです。

そもそも、カードによるキャッシングにしろ、サラ金の融資にしろ、債権者側には、貸さなければならない義務はありません（消費者に対する過剰融資状態が続いてきたせいか、カードやサラ金が使えて当然という錯覚を抱く債務者もいます。しかし、本来、貸金とは、債務者の返済能力を充分吟味した上で、債権者がＯＫしたときに初めて成り立つものに過ぎないのです）。破綻した多重債務者に対し、相当期間、共同して新規の与信を控えることは、債権者側の自己防衛として当然です。

また、債務者においても、多重債務の破綻により、債権者に迷惑をかけたということも否定できません（ただし、本書の立場は、債務者のみを非難するものではなく、過剰融資を行った債権者にも責任ありと考えます）。破綻した後は、借金なしの質素な生活を心掛けるべきです（そもそも、昭和四〇年代以前では、質素倹約に努め、借金なしの生活が通常のようでした）。

「ブラックリストを早く解く方法はないか」という質問を受けることも、しばしばありますが、なぜ、借金の問題であれだけ苦しんだはずなのに、借金なしの生活を続けられないのか、理解に苦しみます。

なお、ブラックリストは、業界内部だけのものであり、部外者には非公開の建前です。個人の重要なプライバシーであるだけに、業界においては、ブラックリストの管理には慎重を期して欲しいものです（残念ながら、平成九年初頭に、ブラックリストが外部に漏れるという事故が発生しています）。

ところで、現状では、このような信用情報は完全には一元化されておらず、業界団体毎に複数が併存している模様です。詳細はここでは省略しますが、信用情報機関ごとの情報交換がスムーズになされないことが、過剰・多重債務を構造的に生み出す遠因となっているとの指摘がある一方で、プライバシーの根幹に触れかねない個人情報を交換することに慎重な意見もあり、難しい問題です。

7　破産者（ないし破産状態直前の多重債務者）の近親者には、借金を肩代わりする責任があるのか

Q

破産者（ないし破産状態直前の多重債務者）本人に代わり、その近親者（親、兄弟、配偶者）には、破産者が抱えた借金を肩代わりする法律上の責任があるのですか。

A

近親者が、保証人になっていない限り、他人の借金を肩代わりする法律上の責任は一切ありません（本人が作った借金は、保証人でない限り、あくまで本人だけの問題であり、身内といえども責任はないというのが、近代法の大原則［**自己責任主義**］です）。

もちろん、資金的に余裕がある身内の人の自己判断によって、多重債務者に援助をすることは自由です（多重債務者に援助資金を渡す形のほか、第三者弁済［債務者でも保証人でもない純然たる第三者の資格で、他人の借金を弁済してやること］として、直接債権者に弁済をして

あげる方法もあります)。

しかし、これはあくまでも、身内の人の自己判断だけによるものであり、他の者が、こうするようにと圧力を掛けることは許されません。

以上に述べたのが、法律の建前(自己責任主義)です。しかし、わが国の実情としては、本来は、責任を負わないはずの身内が、多重債務者本人にせがまれて、いやいやながらも借金の肩代わりを余儀なくされているケースが水面下では多いのではないかと思われます。しかしながら、このような肩代わりは、高利をむさぼって来た債権者の得にはなっても、多重債務者本人にはかえってマイナスになることもあります(当座の肩代わりにより、債権者からの取立てや、ブラックリストへの記載は、一時的に免れるでしょう。しかし、多重債務者においては、いざのときには身内に頼めば何とかなるという甘えの心理により、自らの努力で多重債務から脱却するという心構えを忘れがちになります)。

(債務者本人の人格にもよりますが)、このような甘えの心理が芽生えるようであれば、借金肩代わりの要請があっても、きっぱりと断るのが、かえって本人のためになるということを肝に銘じるべきです(なお、仮に、身内において、多重債務者本人を支援するというのであれば、むしろ信頼のおける弁護士による自己破産申立てないし任意整理を薦め、その弁護士費用を肩代わりする方がはるかに合理的と思われます)。

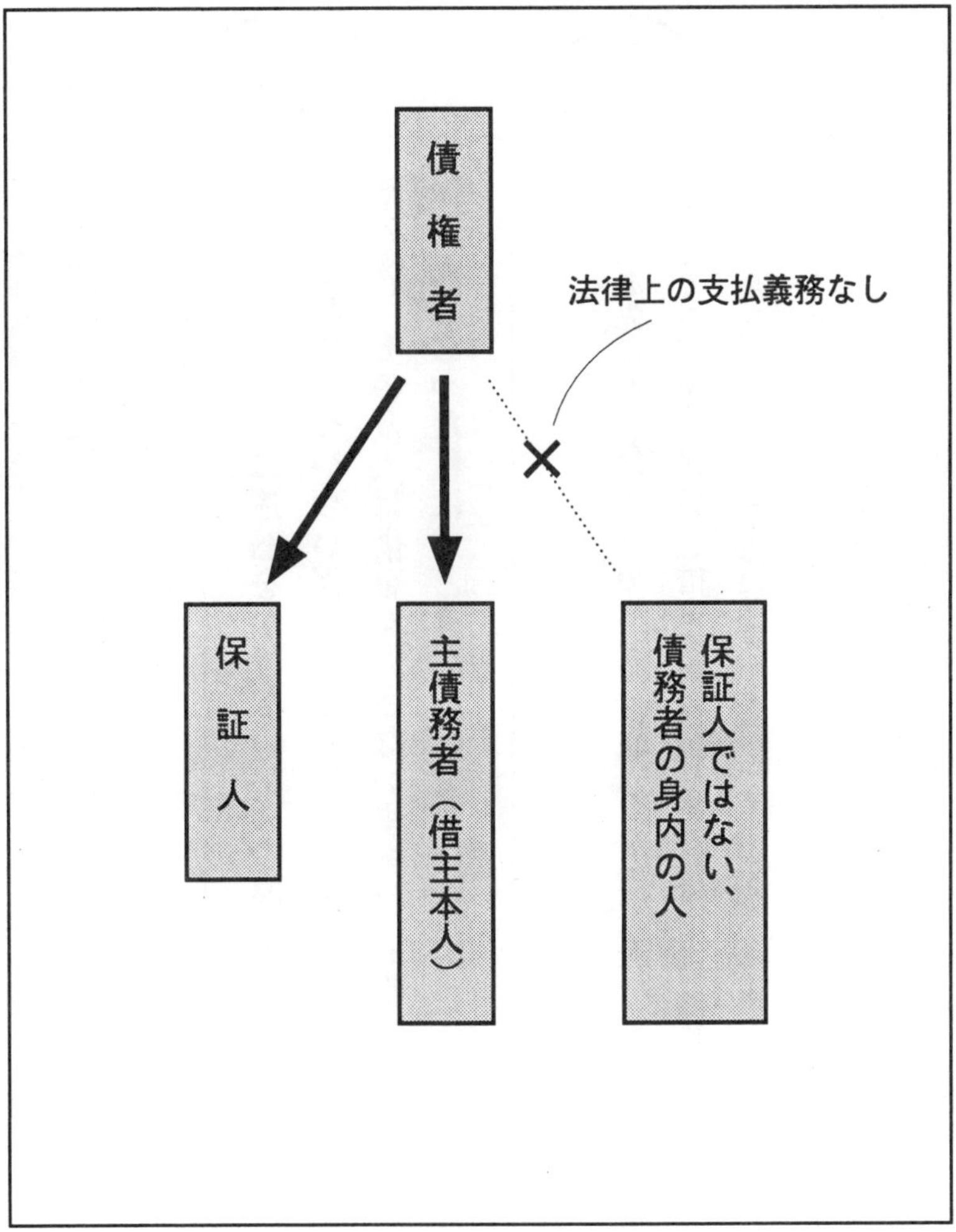
債権者
法律上の支払義務なし
保証人
主債務者（借主本人）
保証人ではない、債務者の身内の人

8 保証人の責任

友人に「絶対に迷惑をかけないから、保証人になって欲しい」とせがまれて、ついつい保証人として署名押印をしてしまいました。その後、その友人は借金を返さないまま自己破産してしまいました。保証人となった私は、どうなるのでしょうか。

結論を先に述べれば、この場合、保証人となった人は、自分がその借金を作っていなくても、債権者に対し借金を肩代わりする法律上の義務を負います。

保証人とは、借金をした他人（「主債務者」といいます）が、債務不履行（当初の約束どおりには支払えなくなること）に陥った場合、その保証人において全責任をもって借金を肩代わりをして、支払いをするというものです。

保証人となる契約（保証契約）は、仮に主債務者を介して行われたものであっても、法律上は、債権者と保証人の間の契約です。したがって、「絶対に迷惑をかけないから」という主債務者の約束があっても、無意味なのです（そもそも、主債務者が、破産や、夜逃げという債務不履行状態に陥った場合の債権者側の安全弁として、保証人を取り付けた訳ですから、「絶対に迷惑がかからない」保証人などというものはありえないのです）。

したがって、読者の方にも、いかに保証人が割に合わず、危険なものであるか、ご理解頂けたと思います。質問のようなトラブルを避けたければ、「絶対に迷惑をかけないから、保証人になって欲しい」とせがまれても、断固拒否するに越したことはありません。

この点、「保証人の依頼を拒めば、友人関係を悪くする」と気にする人もいるかもしれません。しかし、そもそも、保証人とは、他人の借金を肩代わりさせられる危険性を秘めたものです。このような危険性について充分説明することなく、「絶対に迷惑をかけないから」などといって安易に保証人を押し付けようとすること自体、おこがましいことです。このような友人に対しては警戒しても不都合はないでしょう（要は、保証人になる、ならないを決める前に、その危険性について、充分検討しておくべきです）。

ところで、借金を肩代わりした保証人は、主債務者に対して、求償権（肩代わりして立替払いした分を返せという権利）を取得しますが、主債務者が破産や夜逃げした場合は、求償権にもとづく回収は、非常に困難といわざるを得ません。なお、保証人には、「（単純）保証人」と、

「**連帯保証人**」の二種類がありますが、世上使われる保証人は、ほとんど連帯保証人です（単純保証人の場合は、債権者から主債務者に対し催告した後、強制執行を行っても回収できないことが明らかになって初めて保証人に請求できるものです。連帯保証人の場合は、このような制約がなく、主債務者の債務不履行だけで直ちに連帯保証人に対し請求できるのです）。

なお、いわゆる「商工ローン」の保証人の場合、「根保証」という特殊な保証で金額も多額にのぼることが多く、別項（**二三二頁参照**）で改めて解説します。

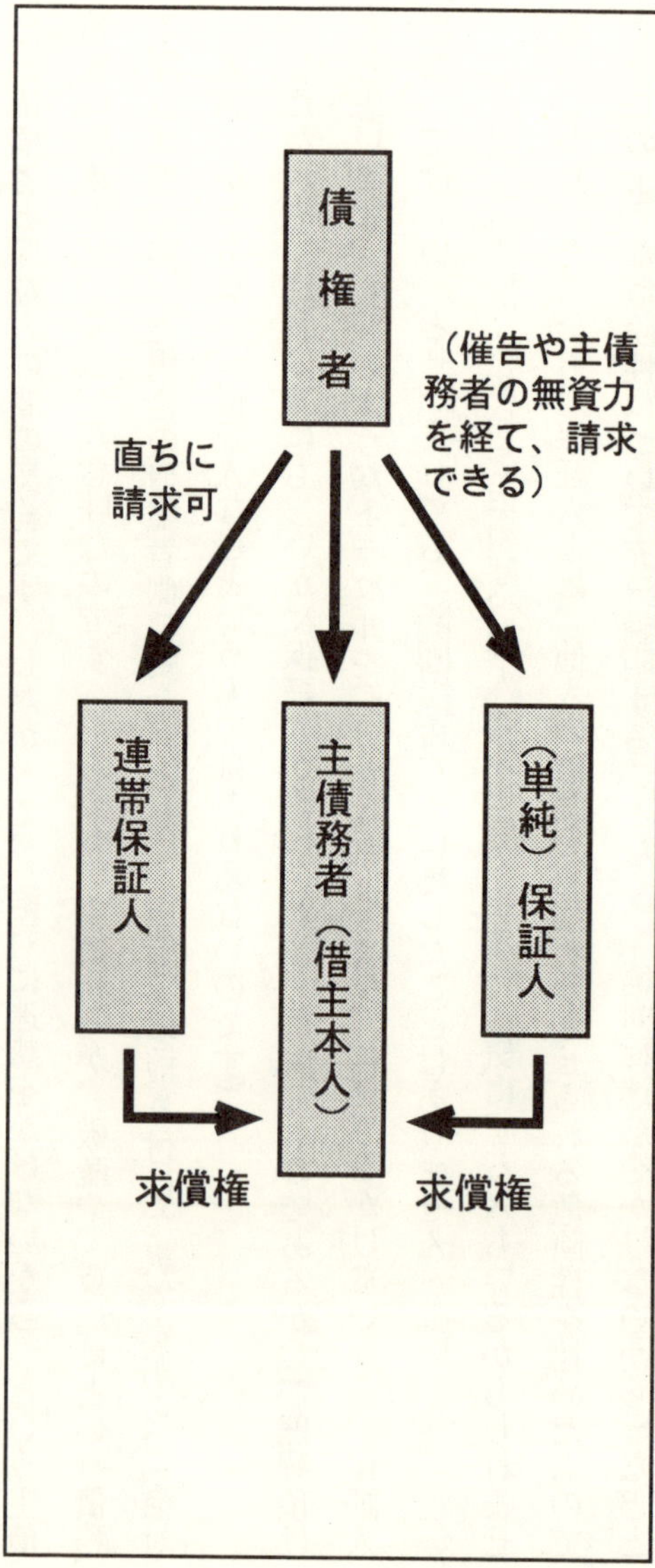

9 破産した債務者が死亡した場合の相続人の責任

Q **多重債務をかかえた父は、自己破産を申し立て、破産宣告を受けましたが、免責申立てをする前に死亡しました。父の負債は、法定相続人が自動的に引き継ぐことになるのですか。**

A **結論を先に述べれば、本件では、死亡後三カ月以内に、相続放棄の手続きをとるのが良いと思われます。**相続のことについて若干説明します。

被相続人（故人）の財産（プラスの財産のほか、借金等のマイナスも含みます）は、法定相続人（民法九〇〇条により定められた相続人のこと）が、法定相続分に応じて引き継ぐのが原則です（たとえば、故人Aに妻Bと子供C、Dがいれば、Bが二分の一、C、Dがそれぞれ四分の一ずつの割合で引き継ぐことになります）。

ただし、プラスの財産もないのに、借金等のマイナスを引き継がされるのは、相続人にとっては苛酷です。そこで、法律は、「相続放棄」という制度を設けました。すなわち、相続人において「自己のために相続の開始があったことを知った時から三カ月以内」に、家庭裁判所で相続放棄の申述をすれば（**民法九一五条一項**）、「初めから相続人とならなかったものとみなし」（**民法九三九条**）、借金等のマイナスを引き継がないのです（もちろん、プラスの財産も引き継げません。さらに、プラスの財産はある程度あるが、これをもって多額の借金等のマイナスを返しきれるか微妙な場合、相続したプラスの財産の範囲内で、相続した借金等のマイナスを返せば済むという「**限定承認**」という制度もあります。しかし、相当、複雑なので、ここでは割愛します）。

質問の場合は、父が破産しており、プラスの財産を優に上回る借金等のマイナスがあるのは明らかです。そこで、通常は、相続放棄の手続き（死亡後三カ月以内に、故人の死亡時の住所の最寄りの家庭裁判所に相続放棄の申述を行います）を行うものと思われます。

それでは、相続放棄という方法を採らず、法定相続人が、父に代わって免責申立てをすることができるでしょうか。

理論的には難しい問題ですが、最近の高等裁判所レベルの判決は、相続人による免責申立てを認めず、相続放棄（ないし限定承認）という方法を採るべきであると述べています（高松高等裁判所平成八年五月一五日決定、判例時報一五八六号七九頁）。

【民法第九一五条一項】

相続人は、自己のために相続の開始があつたことを知つた時から三箇月以内に、単純若しくは限定の承認又は放棄をしなければならない。但し、この期間は、利害関係人又は検察官の請求によつて、家庭裁判所において、これを伸長することができる。

【民法第九三九条】

相続の放棄をした者は、その相続に関しては、初から相続人とならなかつたものとみなす。

10 行方不明だった債務者が死亡した場合の相続人の責任

Q

借金をかかえた父は、家族を残したまま夜逃げをして、長い間、音信不通でした。ところが、最近、その父が、一年前に死亡した旨、聞き及びました。そして、父の債権者から、「死亡後三カ月以内に相続放棄をしていないのだから、法定相続人が借金を引き継いだことになる」と、私宛に督促がきました。どう対処すれば良いのでしょうか。

A

本件では、父が夜逃げをしていたことにより、その死亡が相続人にすぐには伝わらずに、死亡後三カ月以内に相続放棄をすることができなかったというケースです（この三カ月の期間のことを「熟慮期間」と呼びます）。

このようなケースでは、父の死亡を知ったとき（多くの場合は、債権者からの督促を受けた時でしょう）から、三カ月以内に相続放棄の手続きをなすべきです。

民法九一五条一項は、相続放棄の手続きは、「相続人は、自己のために相続の開始があったことを知ったときから」三カ月以内であれば良いとしており、本件のようなケースでは父の死亡時ではなく、死亡を知ったときが熟慮期間の起算点となります。

11 債務者の死亡後、初めて負債を知った相続人の責任

Q

同居していた父は、何も資産を残さずに死亡しました。ところが、死亡後三カ月が経過した後、父の債権者と称する者から、「死亡後三カ月以内に相続放棄をしていないのだから、法定相続人が借金を引き継いだことになる」と、私宛に督促がきました。父が家族に内緒で借金をしていたことが、そのとき初めて判明しましたが、どう対処すれば良いのでしょうか。

A

相続に関係する前の二例と異なり、本件は複雑です。

表面的にみれば、相続人において、父が死亡したことは知っており、民法九一五条の「自己のために相続の開始があったことを知ったときから三カ月」の熟慮期間は既に経過しています。

しかし、相続人が、死亡を知っていながら、相続放棄をしなかったケースにおいて、一定の前提条件を満たせば、例外的に、相続放棄を認める最高裁判決もあります（最高裁昭和五九年四月二七日）。

その前提条件とは、手短かにいえば、法定相続人が故人に相続財産が全く存在しないと信じ、かつ、相続財産の有無の調査をできない事情があり、また相続人がそのように信じても不思議ではない場合ということです。このような場合には、死亡を知ったときから三カ月が過ぎていても、なお、故人の借金を初めて知った時から、三カ月以内に相続放棄の手続きができる余地があります。

ただし、個々の具体的なケースにおいて、右のような前提条件を満たすか否かの判断は微妙であり、実際の裁判例も、相続放棄を認めたものとそうでないものとに分かれております。

このようなケースでは、何はともあれ、大至急、弁護士に相談されることをお薦めします。

12 マイホーム所有者の破産

Q

住宅ローンを支払い終えていないマイホームを所有していますが、ローンを組んで買った時よりも大幅に値段が下がって、なかなか買い手が見つかりません。住宅ローンの他、サラ金やカードの借金もかかえており、やむなく自己破産をすることに決めました。破産宣告を受けた後、マイホームは、どうなるのですか。

A

結論からいえば、原則として、マイホームは破産管財人の手により処分される運命となります（例外として、破産管財人が選任されない同時破産廃止として破産手続きが進められて、マイホームの処理は破産手続きとは別途の競売に委ねられるというパターンもあり得ますが、話が複雑なので後回しにします）。

自己破産の場合、一定のめぼしい資産がある場合は、破産管財人による破産手続きが進められます（管財事件と呼ばれます）。簡単に言えば、裁判所が選任した破産管財人の手で、破産宣告の時点で破産者の名義であった資産を、売却して金銭に換える処分（換価）が進められます。最終的には破産管財人がキープした金銭を債権者に配当（債権額に比例して分配）します。

他方、めぼしい資産がない自己破産の場合は、破産管財人を選任せずに（したがって、破産管財人による換価や配当もありません）、破産宣告と同時に破産手続きを打ち切ります（同時破産廃止と呼ばれます）。管財事件であれ、同時破産廃止であれ、残された借金をどうするかは、免責の申立てによって始まる、免責の審理の中で決着がつけられます。

このように、自己破産の流れは大きく分けて二つあります。本件のようにマイホームを所有している場合には、破産法が本来予定した原則的なパターンとして、管財事件となる可能性があります。

管財事件の場合には、自己破産申立人が裁判所に納めなければならない予納金が、同時破産廃止の場合と比べて高くなるというデメリットがあります（東京地方裁判所を例にすれば、同時破産廃止の場合の予納金は約一万五〇〇〇円前後で済みますが、管財事件の場合には、最低でも二〇万円以上で負債総額に応じて増えます）。なお、管財事件の予納金が比較的高額となるのは、裁判所が選任する破産管財人の費用の引き当てにするためです。

また、管財事件の場合には、資産の売却処分・配当という流れになるため、一般的には、同時破産廃止の場合に比べて、免責の審理に入るまで相当時間がかかるというデメリットもあります。管財事件の場合、配当が終わって破産終結となってから、ようやく免責の審理に移れるからです（もちろん、免責の申立ては、破産終結以前にしておかなければなりません。ただし、東京地方裁判所本庁で行われている少額管財事件の場合には、配当実施よりも免責の審理を先行させることも認めるなどの方法でスピードアップが図られています）。

このように不動産所有者の自己破産は、何かと手間（費用と時間）がかかります。しかし、不動産という高価な資産がある以上は、裁判所が選任した中立的な破産管財人の手で、不動産を処分して配当金に換えるという流れになるのはやむを得ないところです。

ところで、バブル崩壊以降の地価の暴落により、担保割れ（暴落後の土地の時価をはるかに上回る担保が設定されている状態、オーバーローンともいいます）の不動産が多発しました。このような担保割れ不動産は、破産管財人の手に委ねても、担保を付けた債権者へ満足な返済を得させるだけの高値の買い手が見つからず、処分がなかなか進まない傾向があります。これが、管財事件の破産の進行をさらに遅らせる一因ともなっていました。

そこで、担保割れの度合の大きい不動産の場合、例外的に、管財事件ではなく、同時破産廃止扱いにできないかが懸案となっていました。従来の東京地方裁判所の運用は、たとえ担保割れといえども、不動産所有者を同時廃止扱いにすることに極めて慎重でした。ようやく、平成八年一二月より、時価と担保債権額の格差が一・五倍以上であることが複数の証拠書類で明らかになれば、例外的に同時破産廃止扱いにもできることを認めました。

例外的に同時破産廃止扱いとなった場合には、破産管財人によるマイホーム処分はなされません。しかし、この場合でも、おそらくは、担保権（抵当権ないし根抵当権）を設定している債権者が、裁判所に競売を申し立て、その競売手続きにより、マイホームが第三者の手に渡る可能性は充分考えられます。

したがって、自己破産した場合には、いずれの場合でも、マイホームを維持するのは相当困難と考えた方がいいでしょう（そもそも、破産・免責とは、簡単にいえば、その人がもっていた過去の資産をすべて吐き出させる代わりに、裸一貫からやりなおせるように、過去の債務も帳消しにするという制度なのです。担保割れで、どうにもならないマイホームは、無用のお荷物と考えて、あまり固執しないほうが、潔いといえるでしょう）。

なお、破産管財人によるマイホーム処分が避けられない場合でも、破産管財人との協議によっては、なお相当期間はマイホームに住める余地もあります（ただし、家賃相当損害金を破産管財人から徴収されるかもしれません）。また、破産管財人がマイホームを売りに出しても、なかなか買い手が見つからず、そのおかげで、永久とはいえないまでも、多少の期間なら、事実上、住み続けられるかもしれません（ただし、いずれの場合も、破産管財人が買い手を見つけ、売却処分を行った場合は、すぐに立ち退かなければなりません)。
いずれの場合にしろ、マイホーム所有の場合には、破産申立て前に弁護士と充分相談しておくことをお勧めします。

担保割れ（オーバーローン状態）の例

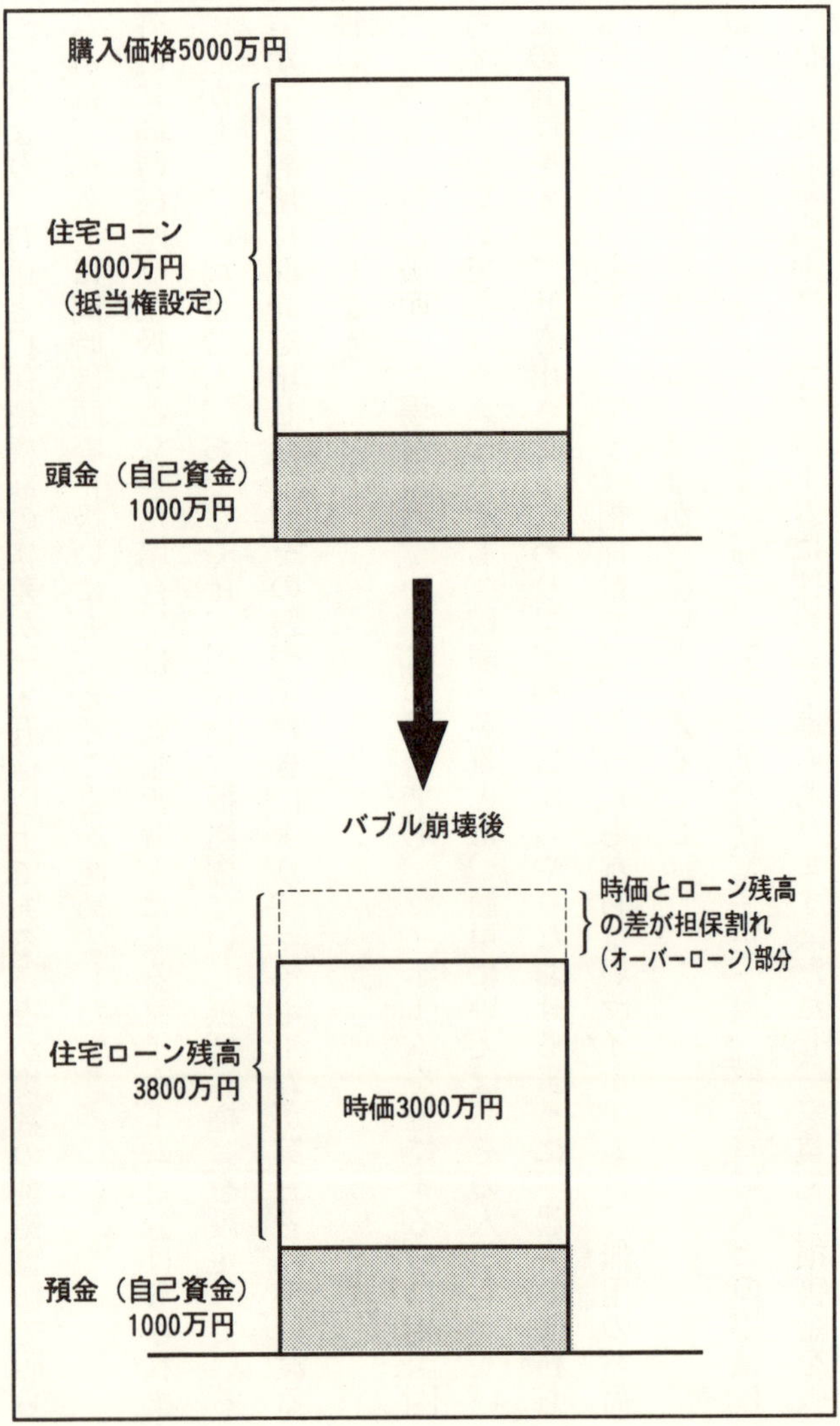

13 賃貸住宅に住む人の自己破産

Q マイホームを所有する人の自己破産は分かりましたが、賃貸住宅の場合は、どうなるのでしょうか。借家住まいの場合、破産すると、すぐに借家を立ち退かなければならないのでしょうか。また、借地の場合は、破産すると借地権を失うのですか。

A （期間満了後の更新が当初から予定されていない定期借地・定期借家ではない、通常の）借地、借家の場合、当初の契約で決められた期限が来ても、明渡しを求める「正当事由」がなければ、明渡しは認められないのが原則ということを前提知識として覚えて下さい（しかも、この「正当事由」を認めるのに、裁判所は慎重で、そう簡単に認められるものではありません）。

以下、借家と借地の場合で区別して説明します。

借地の場合

まず、破産者が、借地をして、その借地上に建物を所有している場合、所有する建物（借地権付建物）は、破産管財人により処分されるのが原則と考えて下さい。

この借地権付建物を処分するには、事前に地主の同意が必要とされますが（民法六一二条、地主の同意がない無断譲渡を行った場合、地主は借地契約を解除できる）、破産手続中は、破産管財人が、地主と交渉していくこととなります（この交渉や処分の話がまとまるまでの間は、従来の借地権付建物に住み続けられる余地もでてくるでしょう）。

なお、民法六二一条には、賃借人（この場合は、借地人）が破産した場合、賃貸人（この場合は、地主）から契約（借地契約）の解約申し入れができると書かれています。これによって、破産管財人による処分以前に、地主から借地契約の解約がなされて、早急に、立ち退き（この場合は、「建物収去土地明渡」といい、借地権付建物を取り壊して、土地を地主に返還すること）をしなければならないのでしょうか。

判例（最高裁判所昭和四八年一〇月三〇日）は、借地人の破産の場合にも、借地法の適用がありとして、正当事由がなければ、地主からの解約申し入れは認められないとしました。よって、原則的には、借地権は、借地人の破産後も存続し、最終的には、破産管財人の手で処分され換金されることになります。

借家の場合

それでは、借家の場合は、どうなるのでしょうか。

まず、（特殊な借家は別として）一般の借家には、借地権付建物とは異なり、広く売買流通することはなく、したがって、換金処分する余地はないと言えます。

したがって、借家住まいだけの破産者の場合は、他にめぼしい財産や特殊事情がなければ、破産管財人を選任する必要もなく、同時破産廃止扱いとなります。

問題は、前述の、民法六二一条により、賃借人（この場合は、借家人）が破産した場合に、賃貸人（この場合は、家主）から契約（借家契約）を解約申し入れできるか、ということです。

判例（最高裁判所昭和四五年五月一九日、東京高等裁判所昭和六三年二月一〇日）は、借家の場合には、（借地とは異なり）、借家人破産の場合には、借家法の正当事由による解約の制限（借家人の保護）はないとしています。

この判例によれば、家主側において、即時に借家の明渡し、返還を求めたいのであれば、借家人が破産したことを理由に、民法六二一条により、借家契約が解約される危険があるとは言えます。

しかし、同時破産廃止の場合であれば、原則として、家主には破産の事実を知られることもないでしょう。また、破産以前にも以後にも家賃不払や、無断譲渡・転貸、無断増改築などの背信行為がなければ、家主側において、即時に借家の明渡し、返還を求めたいと思うことも通常はないでしょう。

これらの事情により、実際は、借家人が破産（同時破産廃止の場合）しても、家賃さえ支払えれば、借家契約は、そのまま引き続くというのが、ほとんどです。

なお、敷金や家賃が、通常の生活レベルに比べて、高額の場合には、破産の審理の際に、もっと安い家賃の借家に転居すべきことを裁判官から事実上、勧告されることもあります。

【民法第六二一条】
賃借人カ破産ノ宣告ヲ受ケタルトキハ賃貸借ニ期間ノ定アルトキト雖モ賃貸人又ハ破産管財人ハ第六百十七条ノ規定に依リテ解約ノ申入ヲ為スコトヲ得此場合ニ於テハ各当事者ハ相手方ニ対シ解約ニ因リテ生シタル損害ノ賠償ヲ請求スルコトヲ得ス

【（新）借地借家法第五条一項】

借地権の存続期間が満了する場合において、借地権者が契約の更新を請求したときは、建物がある場合に限り、前条の規定によるもののほか、従前の契約と同一の条件で契約を更新したものとみなす。ただし、借地権設定者が遅滞なく異議を述べたときは、この限りでない。

【（新）借地借家法第六条】

前条の異議は、借地権設定者及び借地権者（転借地権者を含む。以下この条において同じ。）が土地の使用を必要とする事情のほか、借地に関する従前の経過及び土地の利用状況並びに借地権設定者が土地の明渡しの条件として又は土地の明渡しと引換えに借地権者に対して財産上の給付をする旨の申出をした場合におけるその申出を考慮して、正当の事由があると認められる場合でなければ、述べることができない。

【（新）借地借家法第二六条一項】

建物の賃貸借について期間の定めがある場合において、当事者が期間の満了の一年前から六月前までの間に相手方に対して更新をしない旨の通知又は条件を変更しなければ更新をしない旨の通知をしなかったときは、従前の契約と同一の条件で契約を更新したものとみなす。ただし、その期間は、定めがないものとする。

【(新) 借地借家法第二八条】

建物の賃貸人による第二十六条第一項の通知又は建物の賃貸借の解約の申入れは、建物の賃貸人及び賃借人(転借人を含む。以下この条において同じ。)が建物の使用を必要とする事情のほか、建物の賃貸借に関する従前の経過、建物の利用状況及び建物の現況並びに建物の賃貸人が建物の明渡しの条件として又は建物の明渡しと引換えに建物の賃借人に対して財産上の給付をする旨の申出をした場合におけるその申出を考慮して、正当の事由があると認められる場合でなければ、することができない。

14 破産した場合、家財道具はどうなるのか

Q 破産すれば、身ぐるみはがされるという噂を聞きました。本当に、生活するのに最低限必要となる家財道具まで、なくなるのですか。

A 結論から述べれば、民事執行法の「差押禁止動産」に該当する家財道具であれば（たとえば、衣服や台所用品など）、破産しても、処分されず、そのまま使えます。

したがって、「身ぐるみはがされる」というような苛酷なことはありません。

しかし、「差押禁止動産」に該当しない家財道具の場合（ある程度の処分価格が見込めるような高級な家具や家電製品など）は、別に考えなければなりません。

この回答を出す前に、まず破産法の考え方を説明しておきましょう。

まず、破産者の財産と、破産者の負債（**破産債権**と呼びます）を、破産宣告時点で一応凍結させます。そして、凍結した破産者の財産を換金し、これをもって、凍結された破産債権の支

払いに充てる（配当＝債権額に応じて比例的に分配すること）というのが、破産法の原則です（財産も負債も破産宣告時で固定させることから、「固定主義」といわれています）。そして、この凍結や換金を具体的に担当する者として、「破産管財人」が裁判所より選任されるのです。ただし、凍結すべき財産が乏しい場合には、わざわざ費用と時間をかけて、財産の凍結や換金をする必要はありません。その場合には、破産管財人を選任せずに、破産宣告は出すが、それと同時に破産手続きは打ち切るという、「同時破産廃止」という扱いにします。

今日の実際の破産は、破産管財人が選任される事件数よりも、同時破産廃止で終わる事件数の方が圧倒的に多いのです。

同時破産廃止の場合には、もともと、換金すべき財産が乏しいということで、破産管財人が選任されなかったほどですから、身の回りの家財道具が処分されるという事態は、まず考えられません。ただし、破産管財人の選任がない反面、債権者が、個別的に訴訟を起こすのは自由となります。強制執行を目指して、支払督促や、民事訴訟を起こしてくる債権者もいない訳ではありません。しかし、仮に、支払督促や原告勝訴判決を得た債権者が、家財動産の強制執行を行っても、そこからの回収金は微々たるもので、費用だおれに終わるのが大半のようです。むしろ、同時破産廃止の場合に、個別的に訴訟を起こす債権者の狙いは、給料差押えの方に重点があると思われます。

それでは、破産管財人が選任された場合は、どうでしょうか。民事執行法の「差押禁止動産」のレベルをはるかに超えるような高価な家財道具（たとえば相当な処分価格が見込めるピアノや絵画など）の場合には、破産管財人により没収・換金され、債権者への配当財源に充てられます。また、「差押禁止動産」ではないが、さしたる価値もないような家財道具（たとえば、購入当初は高価なものだったが、中古品としてはたいした値がつかない家具など）の場合は、俗に「買戻し」と称して、破産者の親族が、破産管財人より安い値段で買い取って、そのまま使用を続けるという扱いが取られることもあります（ただし、最近の執行実務では、民事執行法一三一条の差押禁止動産の対象範囲も従来以上に緩まっている模様であり、ある程度のまとまった価格が見込まれる動産でない限り、管財人の手による換金はおろか、親族等による買戻しの指示もなされないケースが増えています）。

以上まとめれば、「破産すれば、身ぐるみはがされる」というのは、誤りであることがわかると思います。ただし、バブルの頃に見られたような高価な家財道具については、破産管財人により処分されるのが原則となり、差押禁止動産にあたる家財道具は処分されない、と考えれば良いでしょう。

【民事執行法第一三一条】

次に掲げる動産は、差し押さえてはならない。

一　債務者等の生活に欠くことができない衣服、寝具、家具、台所用具、畳及び建具

15 破産した場合、預貯金や生命保険はどうなるのか

Q 破産すると、預貯金はできなくなるのですか。また、従来積み立ててきた生命保険は、どうなるのですか。

A 管財事件と、同時破産廃止で、場合を分けて考えてみます。

なお、ここでいう「預金」とは、銀行等の民間金融機関、「貯金」とは、郵便貯金のことを指し、「生命保険」とは、解約返戻金を予定している積立式のものを指します。

まず、「管財事件」の場合ですが、破産宣告時点における破産者の預貯金や、生命保険解約返戻金は、破産管財人により回収され、債権者への配当財源にされるのが原則です。ただし、預貯金や生命保険を解約せずに、それと同額分を、破産者の親族や、破産者自身の新得財産（破産宣告後に、破産者が新たに得た収入）から、破産管財人に支払って、預貯金や生命保険を維持するという便法もあり得ます。とくに、破産者が病歴や年齢等の関係で、新規の生命保

険に入るのが困難な場合に、この便法が取られることがあります。

なお、最近の東京地方裁判所本庁の運用ですが、二〇万円を超えない預貯金・生命保険解約返戻金については、配当財源に値しないと見て、破産管財人が接収しないことも認められていますが、どの程度の額から配当財源に値しないと見るかは、実は裁判所により運用の差があります。

運用の差がない基本原則は、破産宣告後に破産者が得た収入（新得財産）によって形成された預貯金・生命保険解約返戻金は、そもそも配当財源を構成しない（財産も負債も破産宣告時で固定させる＝固定主義）ということです。

次に、「同時破産廃止」の場合ですが、破産管財人による回収が予定されていない以上、破産宣告時における、預貯金や生命保険を保有し続けることが理論上はできるはずです。しかし、預貯金や生命保険解約返戻金が、管財事件とするほど多額ではないが、微小とも言えない場合（裁判官により金額の基準に開きがあるようで、正確に定まってはいませんが、二〇万円以上五〇万円未満といった程度でしょうか）は、問題です。この場合は、管財事件とはしない（したがって、多額の予納金を裁判所に納める必要もありません）が、その代わりに、次のことを裁判官から勧告されることも、実務上、しばしば行われてきました。すなわち、預貯金や生命保険解約返戻金を債務者において自発的に解約し（あるいは、解約せずに、それと同額分を破産者の親族や、破産者自身の新得財産から拠出し）て、債権者に分配（破産管財人による正式の配当ではなく、債務者側が自発的に行う略式の分配）せよ、という勧告です（積立指示・自主配当と略称されています）。

この勧告の理論的な根拠はさておいて、ある程度の資産を温存させながら、無配当の同時破産廃止で免責による借金帳消しを行うのは、かえって公平を害するという考え方です。

なお、最近の東京地方裁判所本庁の運用ですが、二〇万円以上程度のある程度まとまった生命保険等の財産については、積立指示・自主配当の欠陥（破産管財人による債権調査・配当手続きを経ていない略式の自主配当には不正確さが付きまとう等）を直視して、一層のこと少額の予納金で破産管財人を付ける取扱いに代わりました（一**四六頁**のように少額管財人と略称されています）。

（これは、筆者の私見ではありますが、）いかなる訳か、借金で苦しんでいる多重債務者の人の中には、平均よりも多額の生命保険に入っている傾向があるように思えてなりません。ひょっとしたら、生命保険金をもって、最後に一発逆転的に借金の清算ができると考えているのかもしれません。しかし、日々の借金返済にも追われるような自転車操業の状態でありながら、生命保険の積立を続けるのは、決して健全とは言えません（こういう状態でも、どうしても保険に入りたいというのであれば、保険料の格段に安い掛捨型の保険を選ぶべきでしょう）。

16 破産した場合、給料や退職金はどうなるのか

Q 破産しても、退職を強制されないということは分かりましたが、給料や退職金に変化はありませんか。

A まず、給料について考えてみましょう。

（破産で喪失する資格に関わりのない）一般のサラリーマンの場合、破産しても、退職は強制されません。したがって、給料も従来どおり支給されます。ただし、「同時破産廃止」の場合には、免責決定確定までの間、債権者が個別的に民事訴訟や強制執行を起こすことまでは妨げられません。給料に対する強制執行がなされれば、そのうちの一定額は差し押さえられ、債務者（破産者）には支給されなくなります。

なお、給料所得だけが生活の糧であるサラリーマン保護の見地より、給料の一定部分については、次のように差押えの制限が、法律上定められています（**民事執行法一五二条一項**）。す

なわち、差押え可能なのは、原則四分の一（正確に言えば、月給手取額が二八万円以下の場合は四分の一、二八万円を超える場合は二一万円を超える全額）だけです。その余は、給料に対する強制執行がなされても、従来どおり支給されます。

ただし、原則四分の一だけとは言え、給料差押えのダメージ（勤務先に借金の問題がばれるという精神的な負担もさることながら、当座の生活の糧を削られること）は大きいと言わざるを得ません（この問題の対処法は、別の設例で検討します）。「管財事件」の場合には、破産手続き中は、民事訴訟や強制執行もできなくなり、前述の給料差押えのダメージは避けられます（これが、管財事件となった破産者にとっての最大のメリットともいえます）。

次に、退職金について、検討します。退職金の場合にも、差押え制限があります（民事執行法一五二条二項、二八万円の上下での区別はなく、一律四分の一しか差押えができません）。

そもそも、退職金とは、退職して初めてサラリーマンの手に入るものですから、破産宣告を受けたサラリーマンが退職しなければ、未実現のものであり、債権者も破産管財人も干渉できないはずのものです。しかし、借金を抱えたサラリーマンが在職中に、破産したとします。同人が、免責決定を得て、借金を帳消しにした後に、退職し、多額の退職金を独占し、債権者に返済しないままというのでは、債権者が反発するのは当然ですし、公平を害すると言われても仕方ありません。

そこで、裁判所は、実務上、次のように考えることが多いようです。すなわち、在職中に破産したサラリーマンにおいては、現実には退職金を手にしていなくとも、潜在的な退職金請求権を有するとみて、その差押えが可能な四分の一（又は、将来円満に退職できて初めて実現化するという退職金の不確実さを考慮して、差押え可能範囲の四分の一をさらに半減させて八分の一相当まで減らす裁判所もあります）が、破産財団（破産債権者への配当財源）に組み入れられるとします。そして、破産したサラリーマンにおいては、破産宣告後の給料、ボーナスから、自発的に退職金予定額の四分の一を目標に、積み立てさせます。目標額に達した段階で、債権者に対する配当を行うという便法です（積立目標額が、多額になれば、管財事件とされ、積立金の管理や配当は破産管財人が行うことになります。少額の場合には、同時破産廃止としておいて、債務者自身の責任で、積立を行わせるという扱いもとられます）。

なお、サラリーマンにおいて、破産宣告を受ける前に退職し、既に退職金を得ている場合には、問題があります。退職金は、勤務先から受け取る前の退職金請求権（退職金債権）の状態であれば、四分の三は差押え禁止（裏から言えば四分の一しか差押えできない）ですが、既にサラリーマンの手元に渡った退職金については、差押え禁止とする法律はありません（法律的な専門用語では、サラリーマン（債務者）の「一般財産に混同した」と表現されます）。したがって、この場合は、退職金が現存していれば、その全額が、破産により没収される可能性もあり得ます。

破産を決意したサラリーマンにおいて、会社を辞めるか辞めないかは、その本人のみが決断すべき問題です。ただし、以上の点を踏まえれば、会社を辞めることが、有利とは言い切れないことだけは確かでしょう。

【破産法第七〇条一項】

破産債権ニ付破産財団ニ属スル財産ニ対シ為シタル強制執行、仮差押、仮処分又ハ企業担保権ノ実行手続ハ破産財団ニ対シテハ其ノ効力ヲ失フ但シ強制執行ニ付テハ破産管財人ニ於テ破産財団ノ為其ノ手続ヲ続行スルコトヲ妨ケス。

管財事件	同時破産廃止
破産手続中は、給与差押えなどの強制執行はできない。（破産法七〇条一項）	免責決定確定するまでは、給与差押えなどの強制執行は自由にできる。ただし、債権（給与・退職金）や動産（家財道具）については、一定の範囲で差押え禁止。（民事執行法）

17 破産・免責手続中の支払督促、民事訴訟、強制執行（その一）

Q

自己破産の申立てをしましたが、一部の債権者は、免責決定が出る前に、支払督促や民事訴訟申立てを予告しています。また、破産申立て以前に、公正証書を作っている債権者は、強制執行を予告しています。「支払督促」、「民事訴訟」、「公正証書」、「強制執行」の具体的な意味を説明して下さい。

A

同時破産廃止の場合、「支払督促」、「民事訴訟」、「公正証書」、「強制執行」などに対して、どう対処すべきかは、なかなか難しい問題ですが（この点は次項で検討します）、本項では、まず「支払督促」、「民事訴訟」、「公正証書」、「強制執行」など具体的な意味について説明します。

1　債務者が、自発的に債務（借金）の支払いを行わない場合、たとえ債権者といえども、法律上の手続きをふまずに、強引に債権を回収すること（たとえば、債務者の住まいに侵入して、金目のものを勝手にもち去るなど）は許されません。すなわち、何人といえども、法律上の定めた手続きによらずに、相手方の意思を踏みにじって、何かを強制することはできないというのが、近代法の大原則です（このことを「自力執行禁止の原則」といいます）。

そこで、任意（自発的）に支払いをしない債務者に対して、自力執行によらずに、合法的に回収できる法律上の手続きとして、「支払督促」、「民事訴訟」、「公正証書」、「強制執行」などの制度が設けられているのです。

2　「支払督促」とは、正式の裁判を開くことなく、債権者の主張にそって、簡易裁判所が、債務者に対して、金銭の支払いを命じるものです（以前は、「支払命令」と呼ばれていましたが、平成一〇年施行の新民事訴訟法により、「支払督促」と改名されました）。債務者に対する支払督促の送達後二週間以内に、債務者から異議申立てがなければ、簡易裁判所では、支払督促に「仮執行宣言」を付します。この「仮執行宣言付支払督促」により、債権者は、債務者の財産に対して、強制執行をかけ、債権の回収をはかれる状態となります。

また、債務者において、支払督促の送達後二週間以内に、異議申立てをすれば、支払督促には仮執行宣言は付されず、通常の「民事訴訟」に移行します。

債権者によっては、債務者が異議申立てをすることを見越して、当初から、民事訴訟を起こすこともあります。

3 「民事訴訟」の場合には、支払督促と異なり、正式の裁判が開かれ（「いつ、どこの裁判所で、裁判を開くから、出頭されたい」という呼び出しが裁判所から当事者になされます）、債務者も、裁判の場で自己の言い分を主張することができます。また、支払督促は簡易裁判所のみが担当しますが、民事訴訟の第一審の場合は、請求額が九〇万円を超えるならば地方裁判所、九〇万円を超えないのならば簡易裁判所と振り分けられるのが原則です。

そして、民事訴訟においては、債務者に請求を争われた場合、債権者において証拠（借用証書など）を裁判所に提出し、最終的には裁判官が、原告・被告双方の主張と証拠にもとづき、請求の当否を判断し、判決を下します。債権者（原告）の請求を認める判決（原告勝訴判決、請求認容判決ともいいます）に対し、債務者（被告）は、上級の裁判所に不服申立てをすることもできます。不服申立ての手続中は、判決は確定せず、判決の確定がなければ、原告勝訴判決であっても、強制執行はできないのが原則です。しかし、とくに金銭的な請求の場合には、第一審の原告勝訴判決に、「仮執行宣言」（判決の確定をまたずに、強制執行をかけることを許すこと）が付されることが極めて多く、この場合には、「仮執行宣言付支払督促」と同様、債権者は、債務者の財産に対して、強制執行をかけ、債権の回収をはかれる状態となります。

4　さらに、支払督促や民事訴訟という面倒な手続きを踏まずに、債務不履行（不払い）が起きれば、直ちに債務者の財産に対して強制執行をかけられるものとして、「公正証書」があります。「公正証書」とは、公証人役場（公証役場ともいいます）において、公証人（法務局所属の公務員で、裁判官や検察官を退官した人が多いようです）の作成したものです。このうち、とくに、金銭の支払いを約束し、その債務不履行に対して強制執行に服する旨の約束があるものについては、支払督促や民事訴訟を待たずに、直ちに強制執行をかけられるのです。債務額がある程度大きい場合には、借入当初の時点で、債権者から、公正証書の作成を要求される場合もあります。

以上説明した、仮執行宣言付支払督促、仮執行宣言付原告勝訴（請求認容）判決、確定した原告勝訴（請求認容）判決、強制執行認諾文言付公正証書は、「債務名義」と総称されます（以上のほか、訴訟において成立した「和解調書」、調停において成立した「調停調書」なども、債務名義の一種です）。これらを地方裁判所の強制執行を担当するセクション（執行裁判所）ないし地方裁判所の執行官室に提出して、はじめて強制執行が始められます。

5　「強制執行」とは、債務名義にもとづき、債務者の財産（不動産、給料債権、動産など）に対し、公権力の力をもって、強制的に差押えを行い、換金し、債権者に配当するという手続きです。不動産や給料債権に対する強制執行は、執行裁判所が主宰し、動産に対する強制執行は、地方裁判所にある執行官室所属の執行官が主宰します。

以上の説明のとおり、法的手続きによる強制的な回収も、結構手間のかかるものです。とくに、公正証書でもなければ、ある程度の時間と費用（支払督促、民事訴訟、強制執行を申し立てるに際し、債権者は所定の収入印紙や切手等を裁判所に納める必要があります）がかかるのは避けられません。また仮に、時間と費用をかけて、債務名義を得ても、それ以前に、債務者の免責決定が確定していれば、強制執行は、無意味となります。このような現状では、多重債務者に対する全ての債権者が、法的手続きによる強制的な回収を企てることは稀といえます。

ただし、最近では、法的手続きをとる債権者が絶無ともいえず、おおよその感じですが、一〇社程度の債権者がいれば、一、二社は法的手続きをとってくる可能性があり得ます。とくに、給料債権に対する差押え（ないし仮差押え）は、債務者に対するダメージも大きく、議論のあるところです。これらの問題については、次項で、改めて検討したいと思います。

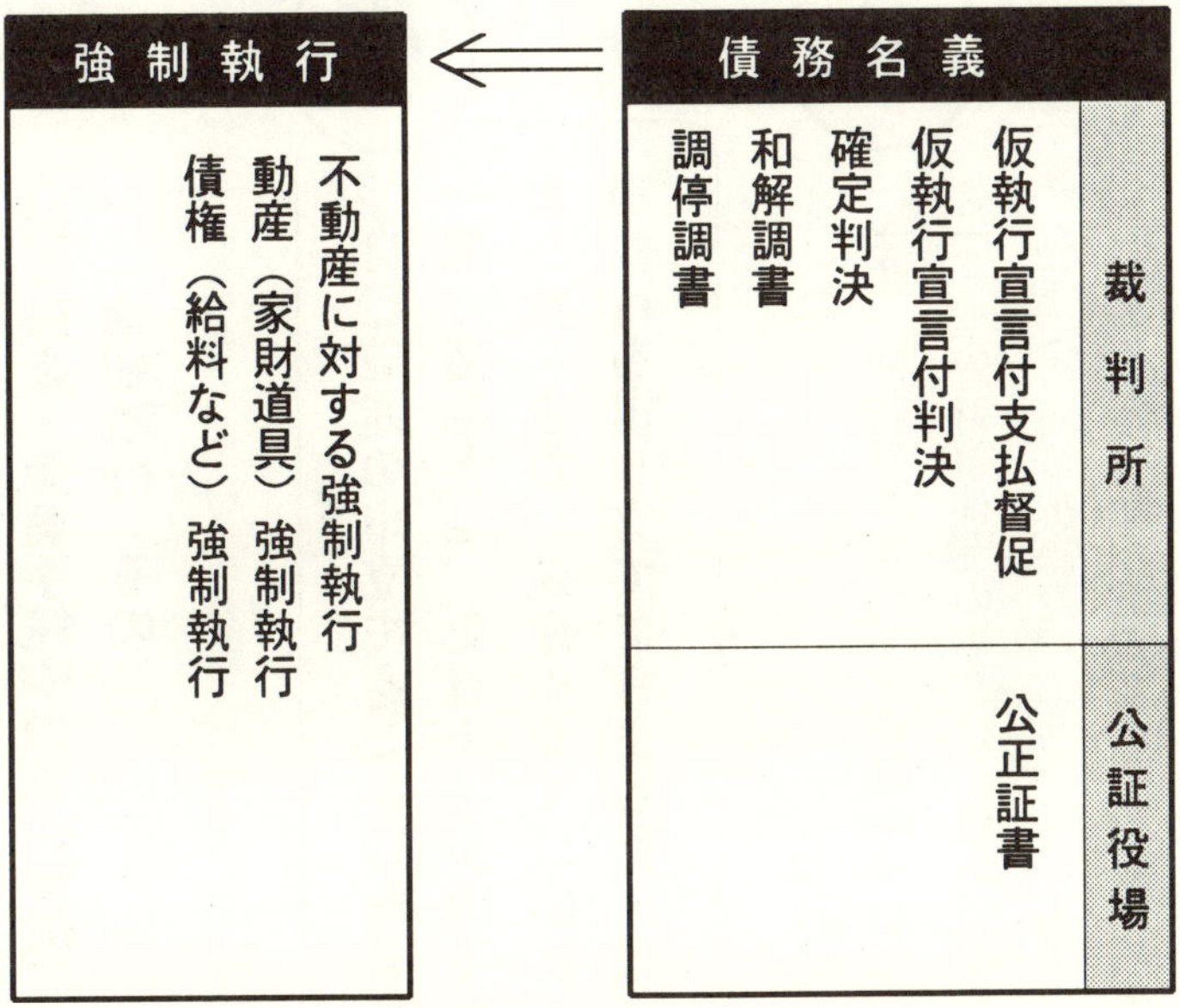
債務名義
裁判所
仮執行宣言付支払督促
仮執行宣言付判決
確定判決
和解調書
調停調書
公証役場
公正証書
強制執行
不動産に対する強制執行
動産（家財道具）強制執行
債権（給料など）強制執行

18 破産・免責手続中の支払督促、民事訴訟、強制執行（その二）

Q **自己破産の申立てをし、同時破産廃止の破産宣告を得ましたが、一部の債権者は、免責決定が出る前に、民事訴訟申立てを行ってきました。また、破産申立て以前に、公正証書を作った債権者は、強制執行を申し立ててきました。どう対処すれば、良いのでしょうか。**

A まず、同時破産廃止か、管財事件かで、異なりますので、場合を分けます。

一　「管財事件」の場合は、破産管財人選任の破産宣告が出た時点で、破産者に対する、それまでの民事訴訟は、中断となります（民事訴訟法二一四条）。また、破産者に対する、それまでの強制執行（仮差押えを含む）は、失効します（破産法七〇条）。このような扱いがなされる理由は、破産宣告時点における破産者の財産が一部の債権者に流れるのを防ぎ、破産管財人に集中させるためです（その後、破産管財人が換金して、破産債権者への配当に回します）。

したがって、管財事件の場合には、免責決定前の個別の訴訟や強制執行は、ほとんど問題にならないと思います（ただし、破産管財人による配当が済み、破産終結になった後は、民事訴訟の中断や強制執行の失効はありません。したがって、破産終結から、免責決定まで、時間が相当かかるようであれば、その間に、個別の訴訟や強制執行が、例外的に起きる可能性もあります）。

二　他方、破産管財人が選任されない「同時破産廃止」の場合には、もともと民事訴訟の中断や強制執行の失効の定めはありません。そもそも、同時破産廃止にされるケースでは、資産が零細であり、配当のために、破産管財人に資産を集中させる必要も乏しく、したがって、個別訴訟や個別の強制執行による流失を予防する必要もないと、法律は考えたようです。

実際、訴訟や強制執行には、ある程度の時間と費用がかかります。また、仮に、個別の訴訟や強制執行を申し立てても、免責決定が確定すれば、それ以降は、訴訟や強制執行が無意味となってしまいます。したがって、資産が零細で同時破産廃止にされるようなケースでは、多重債務者に対する債権者の全部が全部、個別訴訟や強制執行をかけてくる訳ではありません。

ところで、最高裁判所は、平成二年三月二〇日に、免責確定前の強制執行による債権者の回収は、免責には溯及効がなく、免責決定後も不当利得とはならないという判決を出しました。「免責には溯及効がなく…」という言い回しは、一般の人には、分かりづらいものです。要するに、同時破産廃止の場合には、免責決定確定前ならば、債権者側に、強制執行による回収のチャンスを与えるというものです。

また、そのころ（平成二、三年）から、バブル崩壊により、裁判所の予想を超えて、自己破産の申立件数が急増し、免責の審理が大幅に遅れるようになりました。そこで、免責決定がなかなか出ないことをチャンスと見て、一部の債権者においては、頻繁に個別訴訟を起こし、そこでの原告勝訴判決にもとづき、給料などの差押えを企てるようになったのです。

自己破産により、同時破産廃止となるような債務者の場合は、もともと資産が乏しく、失うものもさしてないのですが、給料の差押えだけは、本当につらいところです。債務者の最低限の生活を保護するため、法律（**民事執行法一五二条**）により、給料全額の差押えは許されていません。給料差押えの許される範囲は、原則四分の一（正確に言えば、月給手取額が二八万円以下の場合は四分の一、二八万円を超える場合は二一万円を超える全額）だけです。しかし、給料差押えのなされた場合、債務者においては、勤務先に借金の問題があからさまにばれるという精神的な負担を受けます。また、とくに、扶養家族がいる債務者にとっては、当座の生活の糧を削られるわけで、その負担は大きいと言わざるを得ません。

三　そこで、このような事態にどう対処すべきかが、問題となります。

一つの考え方としては、積極的に応訴してみて、判決が下されるのを後おくりさせ、免責決定の確定を急ぐという方法があります（応訴にも、コツがあり、弁護士に相談ないし依頼することをお勧めします）。もう一つの考え方としては、応訴せずに放置し、免責決定確定に至るまでの間は、債権者による個別訴訟、個別執行に対し、なされるがままとするというのもあります（差し押さえられるような財産が皆無であったり、既に給料等の財産が他の債権者による差押えを受けているような場合には、応訴せず放置しておくという考え方も、有効かもしれません）。

さらに、問題となるのは、（裁量免責を得させやすくするため）破産・免責担当の裁判官から、一部弁済のための積立を指示された場合に、この積立途中に、個別執行として給料差押えを受け、当初予定していた積立が順調にいかなくなったような場合です。

当座の対応策として、給料差押禁止範囲の拡張を執行裁判所に申し立ててみること（民事執行法一五三条。裁判官の裁量によって、給料差押禁止の範囲が広げられる可能性もあります）が考えられます。また、一層のこと、同時破産廃止ではなく、裁判所から破産管財人を選任してもらい、個別執行を失効させる（破産管財人が付くと、破産法七〇条によって、個別執行は失効します）という便法も唱えられています（ただし、破産管財人を付けるためには、裁判所に納める予納金が高くなるという難点があります。この問題に対し、最近の東京地方裁判所本庁では、予納金を二〇万円前後と比較的低めに押さえた「少額管財人」という運用も行っており、給与差押えへの有効な対抗策となっています）。

いずれにしろ、現在の実務を悩ませている問題ですので、弁護士と充分相談しながら対処されることをお勧めします。

【民事執行法第一五二条一項】

次に掲げる債権については、その支払期に受けるべき給付の四分の三に相当する部分（その額が標準的な世帯の必要生計費を勘案して政令で定める額を超えるときは、政令で定める額に相当する部分）は、差し押さえてはならない。

一　債務者が国及び地方公共団体以外の者から生計を維持するために支給を受ける継続的給付

に係る債権

二　給料、賃金、俸給、退職年金及び賞与並びにこれらの性質を有する供与に係る債権

【民事執行法第一五三条一項】

執行裁判所は、申立てにより、債務者及び債権者の生活の状況その他の事情を考慮して、差押命令の全部若しくは一部を取り消し、又は前条の規定により差し押さえてはならない債権の部分について差押命令を発することができる。

19 弁護士介入、自己破産申立後も、取立てをやめない債権者への対応

Q

弁護士に依頼して「介入通知書」を債権者に出してもらったり、自己破産の申立てをした後は、ほとんどの債権者は、取立てを止めました。しかし、一部の強硬な債権者は、依然として取立てを続けてきます。どうすれば良いでしょうか。

A

結論を述べる前に、まず、貸金業者の取立て（督促ともいいます。とくに強硬な取立のことを俗に「追い込み」とも呼ぶようです）に対する規制（ルール）について説明します。貸金業者が守るべきルールとして、「貸金業規制法」（昭和五八年制定）がありますが、これをさらに具体化した「ガイドライン」によれば、以下のようになっています。

すなわち、弁護士が、債務整理の「介入通知書」（自己破産のみならず、任意整理の場合も

あります）を通知した後は、貸金業者による、債務者本人の自宅や勤務先への取立行為は、原則禁止となります。また、弁護士に依頼していない債務者であっても、債務者本人で自己破産申立てや、簡易裁判所における調停申立てを行い、裁判所が付した事件番号を通知した後も、同様です（ただし、ここでいう取立てとは、直接出向いて支払いを督促したり、督促状を郵送すること等を指し、債権者が、民事訴訟や支払督促を申し立てることまでは、含まれません）。

また、仮に、これらの通知がなされる前であっても、夜九時から朝八時までの取立てや、はり紙、落書き等のプライバシーを害する取立方法も禁止されています。

以上のことを定めた金融庁ガイドラインは、従前は、「昭和五八年九月三〇日大蔵省銀行局長通達二六〇二号」と長い名称で呼ばれて来ました。このガイドライン（旧・通達）に違反する貸金業者に対しては、ガイドライン（旧・通達）の正式名称を告げた上、違反になるぞと警告するだけで、強硬な取立てが沈静化することも結構あります（ちなみに、私は、この通達の正式名称を丸暗記しており、即座に、警告できるようにしています）。

昭和五〇年代前半の第一次サラ金パニックの反省から、昭和五八年に「貸金業規制法」と、これを具体化した通達が制定されました。今日では、これらのルールが貸金業者に浸透し、第一次サラ金パニックのときに見られたような苛酷な取立て（夜逃げや、自殺が多発し、社会問題化した）は、一応なりを潜めたと言えます。

しかし、なお、これらのルールに反し、強硬な取立てを行う貸金業者も一部にはいることも事実です。おおよそ二つの種類が考えられます。

一　第一に考えられるのは、貸金を業とする（簡単に言い換えれば「商売」とすること）者でありながら、正式の登録を受けず、もぐりで貸金業をしている場合です（一〇日で一割もの高利を貪ると俗にいわれる「十一（といち）屋」の多くは、これにあたるでしょう）。本来、貸金業規制法では、もぐりの貸金業を罰則をもって禁止しています。しかし、捜査当局の取り締りが甘いことと、十一（といち）的な高利でも、あとさきのことを深く考えずに、その場しのぎの融資に飛び付く多重債務者もあることから、アウトロー的な貸金業も、後を絶たないのでしょう。

二　第二に考えられるのは、正式な登録を得ている貸金業者においても、債務者が弁護士へ依頼をせずに、本人で自己破産申立てをしたような場合です。この場合、債務者側には弁護士という用心棒がいないわけですから、「少しでも回収したい」という貸金業者は、債務者に抵抗力がないのを見越し、強硬な取立てをかけてくることもありえます。

これらへの対策を検討してみましょう。

第一の、もぐり貸金業者に対しては、まず、当該都道府県の貸金業担当課や、財務局に、貸金業登録の有無を問い合わせてみて下さい（やや手間がかかりますが、これらの役所に直接出向いて問い合わせをすれば確実に調査できます）。仮に、貸金業の登録がなされていないのに、業として貸金をしているのであれば、れっきとした貸金業法違反ですから、所轄の警察に相談して下さい。

なお、「十一（といち）屋」的な、もぐり貸金業者は、正面きって商売をしているものではなく、その多くは、「紹介屋」による紹介や、電話ボックスのビラなどで債務者を見つけてくるようです。うまい話はないと肝に銘じて、安易に融資の紹介やビラ広告には飛び付かないことも大切です。

第二の、登録貸金業者による嫌がらせの場合は、前述の貸金業担当の役所に是正を申し入れるべきです。その際、貸金業者が通達に違反した強硬な取立てをしてきたことの証拠（貸金業者の督促状や、取立ての際の言動を録音したテープなど）を用意しておくと、解決が容易になると思われます。

いずれの場合も、債務者側の金融に対する無知や、抵抗力の弱さに債権者が乗じたものですから、債務者においては、ためらわず弁護士に相談することが解決の早道です。

なお、債権者が、貸金を業（商売）としていない場合は、そもそも、貸金業規制法の対象外となり、解決はやや難しくなります。たとえば、昔は仲が良かった友人から借金をしたが、返済できなくなった後、不仲となり、その返済を厳しく迫ってくるというようなケースです。

このようなケースでは、貸金業規制法や通達によるルールがあてはまらない上に、感情のこじれの問題もあるでしょう。

しかし、債権者といえども、社会的に相当とみとめられる範囲を超えて脅迫的ないし暴力的な取立をすることは、許されていません。たとえば、貸金の債権者であっても、「金を返さないと、家に火をつけるぞ」「ヤクザに頼んで、痛い目に会わせるぞ」などといって取立をすれば、脅迫罪（**刑法二二二条**）となり得ます。

したがって、本来、債権者においては、取立にあたって、脅迫的ないし暴力的な態度は控えるべきなのです。仮に、債権者が、この一線を踏み越えて、脅迫ないし暴行に及んだ場合には、債務者が、この脅迫・暴行の被害者となる（被害回復のための損害賠償請求権を得る）ということを覚えておいて下さい。

このような場合には、何よりも冷静な態度が必要ですし、前に述べた例と同様、ためらわず弁護士に相談することが解決の早道と思われます。

用語解説

「通達」とは、何か

通達とは、法律とは異なり、行政機関（役所）内部のものに過ぎず、国民に義務を課すものではありません。しかし、役所より登録を受けて初めて営業が許される貸金業者の場合、役所の定めた通達に従って営業するのは当然のことであり、通達違反は、行政上のペナルティの対象ともなり得ます。このことから、貸金業者は、貸金業規制法のみならず、役所の定めた通達にも従わざるを得ないのです。

20 家族に知られずに自己破産することは可能か、また適切か

Q 同居の家族に知られずに自己破産申立てをして、免責決定を得たいと思いますが、これは可能でしょうか。

A 破産管財人の選任されない同時破産廃止であれば、同居の家族に知られずに破産することは、一応は可能といえます（ただし、筆者個人の見解としては、同居の家族に隠し通すことには反対で、その理由は、本項を最後までお読み頂ければ、わかります）。
すなわち、弁護士に自己破産を委任すれば、この弁護士が貸金業者宛に「介入通知」を通知した後は、本人の自宅宛の督促は差し控えられ、（弁護士に委任せずに）本人で自己破産申立てをした場合でも、裁判所が付けた破産の事件番号を貸金業者に通知すれば、督促は差し控えられるのが原則であり、破産のことが、貸金業者サイドから家族に伝わる可能性は低くなります。

また、裁判所から、直接、同居の家族宛に、本人が破産した旨を知らせることもありません。ただし、裁判所や弁護士（自己破産申立てを弁護士に委任した場合の弁護士のことで、破産管財人ではありません）との連絡は、不可欠であり、同居の家族が連絡を取り次いだり、伝言を受けることは避けられず、**一〇〇パーセント完璧に知られないというのは、至難の業と思います。**

なお、本人のみで自己破産申立てを行った場合、裁判所からの事務連絡は、自宅宛の本人に対する郵便（封書）が原則です。封書ですから、その中身は家族の目にふれることはないでしょうが、裁判所から郵便が送られたことは、家族に知られる可能性があります（ちなみに、本人に無断で、手紙の封筒を開けることは、家族といえども、刑法一三三条［信書開披罪］により禁止されています）。また、裁判所に対しては、破産者本人の携帯電話にだけ連絡せよと指示することもできません。

管財人選任の場合には、管財人から説明や報告を破産者に求める機会が、同時破産廃止に比べて、格段に多くなりますので、同居の家族に知られないで済ますことは、まず無理でしょう。

管財事件であれ、同時破産廃止の場合であれ、破産や免責の処理が終わるまでには、早くても一年はかかると見るべきで、このような長丁場において、家族に破産を知られずに済ますことは、やはり困難と思います。

さらに、裁判所によっては、破産の審理のための資料として、同居の家族の給与明細書・源泉徴収書や、家族が援助できない旨の報告書（同居の家族が署名押印したもの）を取り寄せて、裁判所へ提出するよう指示するところもあります。これらの取り寄せ作業をスムーズに行うためにも、事前に同居の家族に事情を説明しておく方が良いと思われます。

21　負債総額、債権者数が少ない場合の自己破産

Q

負債総額が一〇〇万円にも満たないような場合でも、支払いに窮しています。また、債権者数が一、二社しかありませんが、支払いに窮しています。このような場合でも、自己破産により解決できるのでしょうか。

A

結論から述べれば、負債総額一〇〇万円未満でも、自己破産が認められるケースもあり得ます。債務者が、生活保護受給者、身障者、高齢等であり、自己の資産や稼働力をもってしても、返済が困難であれば、自己破産は認められるでしょう（私が扱った経験では、これらの事情があれば、負債総額一〇〇万円未満であっても自己破産が認められています。もっとも、裁判官によっては、扱いが異なるのかもしれませんが）。

また、債権者数についても同様です。債務者が、自己の資産や稼働力をもってしても、返済

が困難であれば、たとえ債権者が一社であっても、自己破産は認められるでしょう（私が扱った経験では、債権者数一社であっても自己破産を認めた例があります。判例も、債権者数一社であっても破産に支障はないとしています。古い判例ですが、大審院昭和三年一〇月二日）。

裁判所で破産が認められるための要件（破産原因）は、個人（自然人）については、「支払不能」であることに尽きます**（破産法一二六条一項）**。法人であれば、「支払不能」と並んで「債務超過」という破産原因もあります**（破産法一二七条）**。実は、「支払不能」というのは、分かったようで分からない用語なのです。これを、正確に定義すれば「支払手段の継続的欠乏のため、履行期の債務を一般的に支払えないこと」などと言われています。要は、支払期限のきた借金に対し、身の回りの資産を売り払ったり、精一杯働いたとしても、現実には支払いができない、という状態です。

したがって、「支払不能」にあたるか否かは、一概に負債総額や債権者数の多寡で決めることはできず、債務者の状態に応じて、そのつど、裁判官が判断することとなります。「プロの芸能人などの場合、かなりの借金があっても、一ステージ何百万円も稼げる以上、まだ支払不能とは言えない」という例がよく引き合いに出されます。

他方、生活保護受給者の場合、資産や稼働力はほとんどなく、生活保護による支給金も衣食住の支出で無くなるはずです。したがって、一〇〇万円未満の負債であっても、高利の消費者金融、カードの負債の支払いは困難で、支払不能と認定されるケースが多いと思われます。資産や稼働力がほとんどない身障者、高齢者の場合も同様です。ただし、生活保護が一時的なものであり、稼働力を回復できる可能性が高い（たとえば、健康状態に問題のない若年者など）と裁判官が考えれば、ひょっとして別の結論となる可能性もあるかもしれません。

このように、「支払不能」の判定は、面倒ですが、「支払停止」（代表例は、手形ないし小切手の不渡りや、夜逃げ）の状態であれば、「支払不能」と推定されます（**破産法一二六条二項**）。ちなみに、債務者が自己破産を弁護士に依頼した場合に、弁護士が各債権者宛に「介入通知書」を送ることも、「支払停止」の一種です。

【破産法第一二六条一項・二項】
債務者カ支払ヲ為スコト能ハサルトキハ裁判所ハ申立ニ因リ決定ヲ以テ破産ヲ宣告ス
②債務者カ支払ヲ停止シタルトキハ支払ヲ為スコト能ハサルモノト推定ス

【破産法第一二七条一項】
法人ニ対シテハ其ノ財産ヲ以テ債務ヲ完済スルコト能ハサル場合ニ於テモ亦破産ノ宣言ヲ為スコトヲ得

22 破産、免責の審理の様子

Q 自己破産申立て後、裁判所の中で、審尋（裁判官との面接のこと、審問ともいいます）を受けることになりますが、どのような雰囲気ですか。また、免責申立て後も審尋があると聞きましたが、どのような雰囲気ですか。

A ほとんどの読者の方についても、裁判所の手続きに参加されるというのは、一生に一度あるかないかの話だと思います。（同時破産廃止の）自己破産、免責の場合通常は二回ほど、裁判所に足を運び、審尋（審問）という裁判官との面接を受けることとなります（東京地方裁判所本庁の即日審尋・即日宣告という運用に当てはまるケースであれば、第一回目の面接は、代理人弁護士だけで済み、本人の出頭は、第二回目の免責審尋の一度だけで済むこともあり得ます）。弁護士に依頼した場合でも、債務者本人の出頭は必要となりますいでしょう）。（ただし、依頼した弁護士も同席することになりますから、やはり弁護士に依頼した方が心強いでしょう）。

審尋が普通の裁判と違う点は、部外者には非公開という点です。すなわち、通常の裁判（訴訟）では、公開が原則であり（**憲法八二条一項**）、その事件に無関係の部外者でも裁判傍聴が可能です。しかし、破産や免責というのは、そもそも、債務者、債権者のみのプライベートな関係の処理である上、債務者にとっては、名誉、自尊心を失うという大事件なのです。したがって、非公開とされ、部外者は、審尋を傍聴できないほか、破産、免責の記録の閲覧もできません（破産や免責を受けたことは、官報には載ります。しかし、一般の人で、これらに目をとおすのは稀で、破産者のプライバシーは事実上、守られてきました。ただし、今後、官報がインターネットで容易に閲覧可能とでもなれば、話は変わってきます。何でも構わずインターネット化すれば良いという浅薄な思想には、賛同しかねます）。

次に、審尋の具体的な様子について述べます。

まず、審尋の前に、詳しく事情を書いた自己破産申立書や免責申立書を裁判所に提出しているはずです。裁判官は、審尋の前に、これらの申立書に目をとおし、具体的な事情を債務者本人から聞くことになります。よく聞かれる事情は、経歴、借金をし始めたいきさつ、なぜ負債が増えていったのか、どのように支払ってきたのか、なぜ支払えなくなったのか等といったところでしょうか。すなわち、破産のための審尋の場合、裁判官は、破産原因（支払不能）の有無をチェックすると同時に、免責不許可事由（たとえば、ギャンブル、浪費、詐術による借入れなど）の有無もあわせてチェックしています。そして、ある程度の免責不許可事由が判明すれば、どうすれば、免責が得られやすくなるのかを示唆する場合もあります（その具体例が、かつて、東京地方裁判所が行っていた「**一部弁済方式**」というものです）。

なお、とくに負債が多額の場合、債権者数が多い場合、資産が急激に減ったような場合には、審尋も時間をかけて慎重に行われるでしょう。それ以外の場合には、事前に提出した申立書のチェック程度で、短時間で済んでいるというのが一般的な傾向です（審尋を担当する裁判官の数に比して、破産を求める債務者の数がはるかに多く、一人あたりの審尋に多くの時間を掛けられないからです）。

審尋にはあまり時間をかけないため、事前に提出すべき書類は、結構細かい資料まで要求されます。しかし、債務者本人においても、審尋の場における面接チェックは、心理的につらいものがあり、これを早く切り上げたいと思うのなら、資料の事前提出は、極力しっかりと行うべきでしょう。

なお、審尋で裁判官に対し嘘を述べたり、申立書に虚偽の記載をすれば、免責不許可ともなりうるので、正確な記載を心掛けて下さい。

免責のための審尋も、破産の審尋とほぼ同様ですが、免責に不満のある債権者は出席して異議を述べられるという建前になっています。しかし、現実には、出席して異議を述べる債権者が現れるのは、ごく稀のようです（破産した時点で、債権を損金として処理しており、債務者への追及を事実上断念する債権者も多くいます）。ただし、債務者に、余程悪質な事情があれば、出席して異議を述べる債権者も出てくるでしょう。また、ごく一部ですが、（いやがらせとしか思えない目的で）債務者のささいなミスをついて、異議を述べる貸金業者もいます。最後まで、気は抜けません。

以上のように同時破産廃止の審尋は二回で済むのが原則です。ただし、裁判官から、より詳しく事情の説明を求められて、再度の審尋が行われる場合もあります。

なお、管財事件の破産の場合には、審尋のほか、債権者集会（破産直後に行われる第一回の債権者集会や、最後配当後に行われる終結報告のための債権者集会）も予定されています。

23 東京地方裁判所の新運用（少額管財人）とは、何か

Q

平成一一年頃から東京地方裁判所本庁では、「少額管財人」と称して、従来よりも予納金額を低くして管財人を選任する場合もあるということですが、具体的には、どのようなものなのでしょうか。

A

一二四頁の破産・免責手続中の支払督促・民事訴訟・強制執行のとおり、給与差押えにより債務者が受けるダメージをいかに防ぐかという重大問題がありますが、取りあえず、東京地方裁判所本庁では、❶「即日審尋」による免責決定までの迅速化と、本項で述べる❷「少額管財人」選任による給与差押手続きの失効、という二つの解決策を設けました（即日審尋については、項を改めて説明し、ここでは、❷少額管財人について概説します）。

少額管財人とは、手続きの簡素化を前提にして、従来は最低でも五〇万円前後要していた破

産管財人選任のための予納金を二〇万円程度に押さえた運用です。

しかし、少額と言えども、破産法上の破産管財人（破産者や個々の債権者とは離れた中立の立場で、破産者の資産・負債の調査を行い、回収・換価すべき財産があれば、接収のうえ、債権調査を経た正当な債権者に配当を行います）であることに変わりはなく、破産法の定めにより、給与差押手続きを失効させることができます。（破産法七〇条）。

すなわち、破産宣告後の差押えを没とすると共に、破産宣告前に差押えを受けた給与が、供託（給与を支払うべき勤務先は、差押事務に関わる煩わしさを避けるために差押相当分の給与を法務局に供託することができます）されていれば、破産管財人が供託された給与額を接収することとなります。

また、破産宣告前に差押えを受けた給与が、既に差押えの申立てをした債権者によって取立済であれば、場合によっては、破産管財人の否認権行使により、取立てをした債権者に対し、破産管財人宛の返還を請求することもできます。

破産管財人が、このような給与差押えの失効や、供託ないし取り立てられた差押給与の接収ができるのは、一部債権者による独占的回収を許さず、広く破産債権者に配当すべき財源を破産管財人に集中させるという趣旨です。これによって、破産者も、苦しかった給与差押えから解放されるという大きなメリットを受けられます。

さらに、少額管財人の運用は、主に次のような状況下でも利用できると言われています。

一　給与差押解除
二　生命保険・退職金予想額清算型
三　免責調査型
四　法人併存型の代表者個人の破産

一については前述しましたので、**二**以降につき、簡単に説明します。

二　生命保険・退職予想額清算型

従来は、一定額以上のまとまった生命保険解約返戻金予想額・退職金予想額につき、実際は生命保険解約や退職はしないが、その代替措置として、解約・退職したと仮定した場合に破産者が手に入れると予想される額を、破産宣告後も積み立てさせ、破産管財人による正式の配当によらず「一部弁済、自主配当」と称して、事実上、債権者に分配し、破産手続自体は同時廃止とする運用が東京地方裁判所でも採られてきました（一一一**頁**、一一**四頁参照**）。

しかし、このような「一部弁済、自主配当」の場合、正式の債権調査を経ない以上、利息制限法を越えた高利の貸金の場合、分配の基準が本当に正しいのかという疑念を拭い切ることはできません。

よって、現在の東京地方裁判所本庁では、原則として二〇万円程度以上の生命保険解約返戻金予想額・退職金予想額（退職金の場合には、もともと四分の一が差押禁止である上に、支給の不確実性もあることを考慮して予想額の八分の一相当額に減額）が見込まれる場合は、少額管財人を選任する運用を採っています（裏から言えば、生命保険解約返戻金予想額や退職金予想額の八分の一等の資産の実勢が二〇万円にも達していなければ、配当財源を構成する見込み無しとして、同時廃止とする運用です）。

三　免責調査型

従来は、東京地方裁判所本庁でも、顕著な免責不許可事由（例えば、賭博のための借入れや当初からの換金目的でクレジット購入した後に購入品をすぐに横流しをして換金し、入手した代金を他の支払いに充てて消費するなど）が認められる破産者に対しても、いきなり免責不許可とはせずに、裁量免責の可否を探るための措置として、一定期間内に、負債総額の一定割合の金額を積み立て、自主的に配当することが勧告されていました。

ただし、このような破産管財人を選任しない「裁量免責のための積立、一部弁済・自主配当」に対しては、利息制限法に照らした正式の債権調査を経ないという欠点に加え、積立目標額が裁判所・裁判官によって異なるのではないかという弁護士サイドからの根強い不信感がありました。

さらには、誠意をもって積立に努めている破産者に対し、一部の強硬な債権者が支払督促・判決・公正証書に基づき給与差押えを行ったことにより、積立の継続が困難になった場合どうするのかという解決困難な実務上の問題もありました。

そこで、現在の東京地方裁判所本庁では、このような「裁量免責のための積立、一部弁済・自主配当」は取りやめ、それに代わり、二〇万円の予納金をもって、中立的な破産管財人を選任し、裁量免責の可否を破産管財人に調査させる運用に切り替えました（破産管財人が選任されることにより、従来は何かと問題の多かった破産宣告後の給与差押えも失効します）。

四　法人併存型の代表者個人の破産

これは、給与所得者が主な対象だった給料差押失効や、積立・一部弁済の代替策としての少額管財とは、全く発想が異なるもので、中小企業の（元）経営者の破産を対象としています。

東京地方裁判所本庁の場合、従来は、法人の自己破産の予納金が最低ラインでも七〇万円前後（負債総額等に応じて、増額され数百万円になることも稀ではありませんでした）で運用されていた時期がありましたが、これでは、法人破産用の予納金まで手が回らないため、代表者個人のみの自己破産申立てが先行され、倒産した法人の方の法的整理は放置されがちという傾向がありました。

しかし、債権者からみれば、法人の法的整理が放置されたままで、この代表者のみがいち早く破産・免責を得るというのは釈然としないものが残ります（仮に倒産した法人に目ぼしい資産がないとしても、裁判所選任の破産管財人のしっかりしたチェックを経た上で、配当無しという結論が出された方が、けじめの付け方として優れていることは言うまでもありません）。

そこで、規模が小さく、さして複雑でもない中小企業の倒産の場合、原則として、代表者個人だけの破産・免責による逃げ切りは許さず、予納金を二〇万円程度と低めにした見返りに、倒産した法人も同時に自己破産申立てをするよう勧告される運用が採られています（さらに一歩進めて、東京地方裁判所本庁では、代表者個人との併存ではなく、小規模で問題の少ない中小企業の場合には、法人のみでも、低廉な予納金による少額管財人選任がなされはじめています）。

これは、「予納金」というハードルを下げて、倒産した企業を裁判所外で放置するのではなく、なるべく裁判所内の公正な法的整理に持ち込むことを勧めるという発想に基づくものです。

以上述べたものは、東京地方裁判所本庁の運用ですが（横浜地方裁判所川崎支部でも、少額管財的な運用が始まっている模様)、今後、どの程度、他の裁判所に波及するかは現時点では流動的で(裁判所によって、運用のばらつきが大きい)、詳しくは地域毎の裁判所に問い合わせるのが確実です。

なお、このような少額管財人の場合、予納金問題(従前の五〇万円前後の予納金では申立直後の納付が事実上困難だった)は一応解決されますが、問題は、同時破産廃止の場合と比べ、免責までの審理期間が長引かないかという点です。

しかし、東京地方裁判所本庁の場合、特に問題のない破産事件の場合には、可能な限り管財事務を簡素化し、従来よりも格段のスピードアップを図っています(標準的な少額管財事件の場合、宣告から免責決定まで三、四カ月程度)。

24　東京地方裁判所本庁の新運用（即日審尋）

Q

平成一一年頃から東京地方裁判所本庁では、即日審尋といって、従来よりも自己破産・免責の審理がスピードアップしたということですが、具体的には、どのようなものなのでしょうか。

A

一四二頁のとおり、同時破産廃止でも、審尋（簡単に言えば、裁判官との面接のこと）は、破産宣告前に一回、それから数カ月の期間をおいて免責の可否の決定前にもう一回の合計二回分が行われるのが一般的でした（管財事件となると、さらに債権者集会も別途行われます）。

このように複数回の審尋を経る趣旨は、自己破産申立書に書かれたこと（資産・負債の原状、借入増加の理由や返済状況等）について、嘘や偽りがないかを、申立人本人を裁判所に呼んで、慎重にチェックするためでした。

他方、このように複数回の審尋を行うことは、裁判所の負担を増やし、破産宣告・免責決定が出るまでに時間を要する原因でもありました。裁判所においては、過去の多数の未済事件を抱えたままで、景気の悪化により自己破産の新件が増えると、さらに自己破産の進行が遅くなるという悪循環に陥る危険がありました。

そこで、平成一一年頃から東京地方裁判所本庁では、自己破産申立ての際に提出する書類・資料を従来よりも減らし（細かい詳細は省きますが、戸籍・住民票、給料明細・源泉徴収票等の必要最小限度のものに絞っています。他方、資産の有無の調査の確実を期するために、預金通帳のコピーの提出は必ず求められます）、裁判所が要求する必要最小限度の書類・資料さえ整っていれば、自己破産申立直後（三日以内）に、申立代理人の弁護士と破産前の第一回目の審尋を行うことが可能となりました（第一回目の審尋には、代理人弁護士がいる場合に限り、申立人本人の裁判所出頭は不要となります）。

第一回目の審尋では、本人に代わり、（自己破産申立てに関与した以上、本人の事情や問題点に精通している筈という前提で）代理人弁護士が裁判所と面談を行い、特に問題無しと認められれば、早期（早ければ面談当日）に同時廃止の破産宣告決定が下され、従前よりも相当早く免責の審理に移れるようになりました（免責の審尋には、本人の出席が必要となります）。

従前では、免責の進行が遅れ、その間に個別訴訟等により破産者本人の給料の差押えを受ける（特に裁量免責の前提として、破産宣告後の新得財産である給料からの積立・一部弁済指示を勧告されていた場合には、ジレンマに陥る）という深刻な問題がありましたが、免責の審理がスピーディーに進むことにより、その危険は大幅に減りました。

このようなスピーディーな進行による恩恵は、本来、問題の少ない誠実な破産者に限られるべきであることは言うまでもありません。

そこで、裁判所から見て問題が多いと思われる事案（例えば、目に余るような浪費・換金行為等の明らかな免責不許可事由がある、看過できない程度の額の生命保険解約返戻金予想額や退職金予想額が潜在的にある、倒産した法人の代表者が、法人の清算を済ませないままで、代表者個人だけ先に自己破産して負債を免れようとする等）については、代理人弁護士だけの即日審尋ではなく、本人の出頭も求めたり（さらに裁判所から債権者宛に郵便で意見照会を行うこともあります）、あるいは、代理人弁護士だけの即日審尋は行うものの、同時廃止の破産宣告ではなく、破産管財人選任事件とした上で、資産の清算と破産管財人による調査を経た上での免責の審理を勧告される等の流れとなります（ただし、この場合の破産管財人は、従前の破産管財人とは異なり、迅速に手続きが進むよう、極力、事務手続きは簡素化され、申立人が負担する予納金も二〇万円程度で済むように十分工夫されており、「少額管財人」などと略称されています。この少額管財人については、別項（**一四八頁参照**）で概説してあります）。

25 免責不許可事由とは、何か

Q 自己破産の後、免責の申立てをすることになりますが、免責不許可事由があると、免責が認められないこともあると聞きました。どういうことなのでしょうか。

A 免責されるか否かは、人それぞれの事情を見て、最終的には裁判官が決めることであり、一概に結論は出せません。しかし、実務上、破産後に免責申立てをした人の九〇パーセント以上は、裁判所から免責決定を受けている模様であり、過度の心配はしなくても良いでしょう。

まず、基本的なことなのですが、免責を得るためには、自己破産申立てとは、別に（出し忘れ予防のため、同時の申立てを認める裁判所も増えています）、免責の申立てを所定の時期内にしなければなりません。そして、破産の申立てに対しては、支払不能の有無だけを審査して、破産の可否を決め、免責の申立てに対しては、「免責不許可事由」の有無を審査して、免責の可否を決めるのです（東京地方裁判所をはじめとして、多くの裁判所では、初めの破産の審尋の時に、ついでに免責不許可事由も調査する扱いです）。

そこで、「免責不許可事由」とは何なのかが問題になります。

破産法三六六条の九は、免責不許可事由を定め、これらがある場合には、免責不許可決定をなすことができると定めています。

実務上、よく問題となる免責不許可事由の代表的な具体例は、次のようなものです。

一　当初から換金する目的で、破産原因がある（支払不能状態）ことを秘して、クレジットカードで物品や金券を購入する場合（購入した物品は、買取屋や金券ショップで換金すること）。

二　債権者名簿に架空の債権を計上したり、一部の債権を除外したりする場合。また、破産や免責の審尋における陳述（破産者の発言）や、それ以前に裁判所に提出した書類において、財産状態につき虚偽の報告（財産を隠匿するなど）をする場合。

三　破産者が、今回の免責申立て前一〇年内に、かつて免責を得ている場合。（要するに、借金のトラブルを一〇年に二度も起こすような人には、二度目の免責は与えないということです。このような人は、よほど借金にルーズといえますが、カード社会化が進むに連れて、増える可能性はあります。）

四　破産法上の破産者の義務に違反した場合。

ところで問題は、明らかに、これらの免責不許可事由が認められる場合です（実務上よくあるのは、ギャンブルや浪費のための借財や、換金目的のクレジット購入などです）。最終的には、裁判官が決めることになります。免責不許可事由にあたる事実が余程はなはだしい場合、厳しい見方の裁判官にあたれば、稀ではありますが、免責不許可となることも想定できます。

しかし、現在の裁判実務では、免責不許可事由が明らかに認められる場合でも、免責不許可決定で切り捨てることは極力避け、裁判官の裁量により免責決定を与える傾向が強いと思われます（裁量免責とよばれています）。

ただし、裁量免責の場合には、無条件ではなく、「一定の条件」が付けられる場合がありま す。このような裁量免責のための条件には、大まかに分けて次の二つの方向性があります。

一　「積立指示・一部弁済（自主配当）方式」（かつては東京地方裁判所本庁を発火点として他の裁判所にも広まりましたが、現在の東京地方裁判所本庁では行われていません）と、

二　（少額）管財人による免責不許可事由や裁量免責の事情の調査（現在の東京地方裁判所本庁は、この方向を採用していますが、他の裁判所にどの程度波及するかは目下未知数です）。

（少額）管財人による調査方式は、別項（**一四六頁参照**）に譲るとして、とりあえず、次の項では「積立指示・一部弁済（自主配当）方式」について説明します。

26 「積立指示・一部弁済（自主配当）方式」

Q **免責の審理の際に、裁判官から、負債総額の一定割合額を積み立てて、全債権者に分配することを勧告される場合もあると聞きましたが、どういうことですか。**

A 破産宣告後、免責までの相当期間（たとえば半年とか一年）において、負債総額の一定割合（たとえば数パーセントから一、二割といった具合）の金額を目標として、破産者の収入から積み立てさせ、目標額に達したら、債権者に分配させる（管財事件であれば、破産管財人が配当を行いますし、同時破産廃止であれば、債務者側で自発的に分配を行います）ことを勧告されるケースも、実務上あり得ます。

このような勧告を行い、それを満たせたら、仮に、免責不許可事由があったとしても、（裁量）免責をするというやり方は、「積立指示・一部弁済（自主配当）方式」などと呼ばれています。バブル経済崩壊直後の消費者破産の急増期（平成三、四年頃）に、東京地方裁判所で試みられ、その後、全国的に広まったものといわれています。

もちろん、消費者破産の事案の全てにおいて、一部弁済が勧告される訳ではありません（正確なことは分かりませんが、一部弁済が勧告されるのは、消費者破産のうちの半数未満と思われます）。消費者破産において、細かく審理すれば、浪費等の免責不許可事由が皆無とも言い切れない事案も結構あるようです。しかし、債務者の経済的な立ち直り（旧来の多重債務を断ち切り、健全な家計に戻す）のためには、免責決定が債務者にとって最後の助け舟となるのも事実です。そこで、裁判所は、免責不許可事由がある債務者に対し、即座に切り捨てるようなことはせず、相当期間の猶予期間を与え、その期間中の一部積立、一部弁済を勧告します。そして、努力の結果（自己破産により、新たな借金はできず、自分が稼いだ収入の中から、支出を切り詰めて、積立をせざるを得なくなります）、一部積立、一部弁済の勧告を満たした債務者に対し、裁量免責を与えるという運用です。

また、この運用には、次のような効果もあります。すなわち、債務者に対しては、借金なしでやり繰りさせることを実地で教育することになります。また、債権者に対しては、無配当ではなく、一部弁済により、多少の満足を得させることで、裁量免責に対する反発をなだめることにもなりますこのように、一部弁済方式は、本来、免責不許可事由があっても、(裁量)免責を得させやすくするための便法として生み出されたものでした。しかし、実務上は、免責不許可事由の有無にかかわりなく、次のようなケースでも、裁判官から一部弁済が勧告されることがあり得るといわれています(「自由と正義」平成五年一二月号三七頁以下、田中康久裁判官の論稿「東京地裁破産部における免責事件の処理について」)。

第一のケースは、同時破産廃止に持ち込むための前提条件として、一部弁済の勧告がされるというものです。たとえば、生命保険解約返戻金等の換価容易な財産があるが、さして大金というものではなく、解約させたり、破産管財人を付するに及ばないという場合です。このような場合には、手間と費用の節約のため、生命保険は維持したまま、同時破産廃止扱いにします。その前提条件として、免責決定時までに、解約返戻金相当額を積み立てて、全債権者に一部弁済させることを勧告するというものです。

第二のケースは、収入が高額で、一部弁済の余力があるというものです。弁護士介入や自己破産申立て後は、貸金業者の取立ては、大蔵省銀行局長通達により、自粛される建前です。その結果、多重債務の支払いが凍結され、収入が高額の者の場合、家計に余裕が出ることもあり得ます。この場合、その余裕が生じた部分について、そのままにして、同時破産廃止、免責許可を下すことは、債権者との利害調整上、多少問題があると感じられます。そこで、この余裕部分を、一部弁済により、債権者に配当させるのが妥当という発想です。

　これらの運用については、弁護士サイドからは、批判もあります。そもそも、一部弁済勧告の法的根拠が、曖昧という建前論的批判があります。また、一部弁済の金額や、積立期間が、ケース・バイ・ケースで、基準が明確でないという批判も当然あります（一部弁済の金額や、積立期間を明記した法令は、どこにもありません。要は、裁判所ないし裁判官次第と言わざるを得ません）。

　さらに、積立の途中で、個別執行により、給料差押えを受け、積立が予定通りにすすまなくなった場合、どうするという解決困難な問題もあります（一応の解決策は、一一**四頁**で触れておきましたが、抜本的なものではありません）。

　一部弁済に、これらの問題点がある以上は、やはり債務者側から見れば、無条件の免責が一番望ましいものといえます。また、裁判官による一部弁済の勧告が避けられない場合であっても、債務者、およびその代理人の弁護士としては、その合理性と根拠を吟味して、恣意的な勧告がなされないよう、監視の目を怠らないことが大切です。

　なお、現在の東京地方裁判所本庁では、一部弁済（自主配当）の運用は廃止となり、その代わり、免責不許可か裁量免責相当かの微妙な調査を要する事案では、少額管財事件の運用が採られています。

27 非免責債権とは、何か

Q 裁判所から免責決定が出されても、なお免責されない債権（非免責債権）があると聞きましたが、具体的には、どういうものですか。

A 地方裁判所から出された免責決定が、異議なく確定すれば、破産債権の全てに対して免責の効力が及び、債務者（破産者）は、支払義務を免れるというのが原則です**（破産法三六六条ノ一二本文）**。

ただし、特別な理由から、ごく一部の種類の債権については、免責決定確定後も、支払義務を免れないと法律は定めています。具体的には、次の種類の債権です。

一　**租税（破産法三六六条ノ一二但書一号）**

国や地方自治体の税収確保という政策的な理由から非免責とされています。租税債権の場合、厳しい取立てはおそらくないものと思われますが、租税金額が多額の場合には、破産・免責決定後も、延々と支払いを続けなければならないこととなり、極めて解決困難な問題だと思います。

二　破産者が「害意」をもって加えた不法行為に基づく損害賠償請求権（破産法三六六条ノ一二但書二号）

たとえば、故意の犯罪行為により、他人の身体、財産を害した場合の損害賠償請求権などがこれにあたります。

三　雇人（勤労者）の給料（一般先取特権のある範囲）、雇人（勤労者）からの預り金、身元保証金返還請求権（破産法三六六条ノ一二但書三、四号）

勤労者保護の社会政策的な理由から非免責とされました。

四　破産者が知っていながら債権者名簿に記載しなかった債権（破産法三六六条ノ一二但書五号）

破産手続きにおいては、破産者が自分の負債の状態を正直に裁判所に報告することが義務づけられています（虚偽の債権者名簿の提出は、破産法三六六条ノ九第三号により、免責不許可事由にもなりえます）。とくに、債権者名簿の記載から漏れた債権者においては、破産や免責に対する異議申立ての機会すらなかった訳で、仮に、免責決定が出ても、債権者名簿漏れの債権者分は、例外として非免責とされました。

なお、債権者名簿漏れの債権者が、破産宣告のことを知っていた場合は（破産や免責に対する異議申立ての機会があったとして）、再例外として、免責の効果が及ぶとされています（破産法三六六条ノ一二但書五号但書）。

五　罰金、科料、刑事訴訟費用、追徴金及び過料（破産法三六六条ノ一二但書六号）

これらは、罰則（刑事罰ないし行政罰）であり、免責の効果は及びません。なお、免責不許可事由（**一五六頁参照**）と、非免責債権は、次元が異なることに注意すべきです。破産債権中に、非免責債権が含まれていても、免責不許可事由がなければ（また仮に、免責不許可事由があったとしても裁量免責となれば）、非免責債権を除く破産債権については免責決定により免責されることになります。

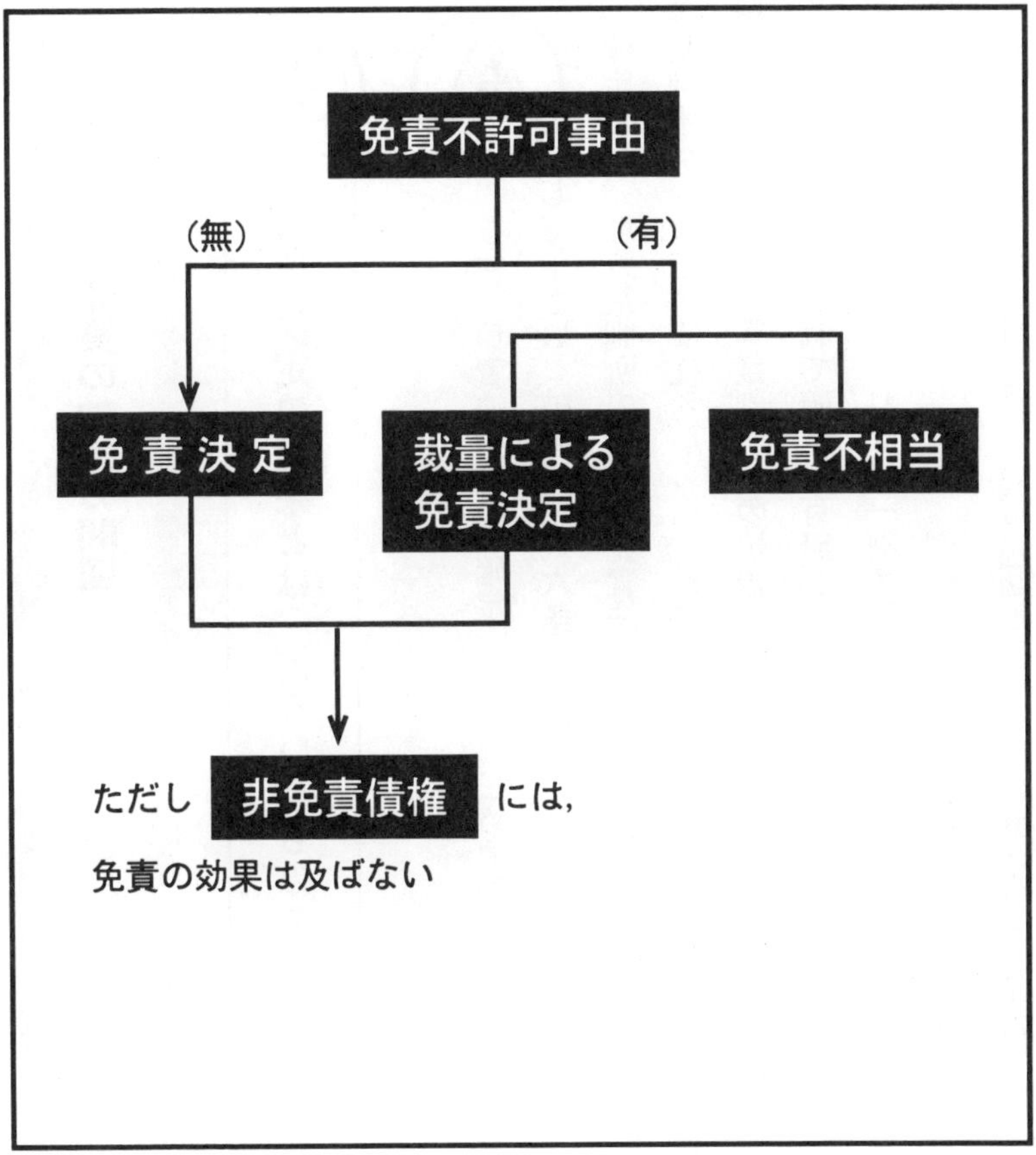
免責不許可事由
(無)
(有)
免 責 決 定
裁量による
免責決定
免責不相当
ただし
非免責債権
には,
免責の効果は及ばない

28 免責の効果の問題

Q 免責決定の効果とは、どういうものですか。

A まず、免責決定は、「確定」してはじめて効果が発生するものであることに注意して下さい（**破産法三六六条ノ一一**）。

確定とは、地方裁判所の出した免責決定に対し、官報公告後の抗告期間（二週間）内に、高等裁判所への抗告が債権者から出されなかった場合などを指します。免責決定に対しては、債権者も（諦めて）高等裁判所への抗告（不服申立て）に至らないのが大半のケースですが、ごく稀に、抗告がなされて確定の有無が先送りされるケースもあります。確定した免責決定の効果ですが、結論から述べれば、**一**破産債権の自然債務化、**二**破産者からの復権、という二つが挙げられます。

一 自然債務化とは、難しい言い回しですが、簡単にいえば裁判上の請求手続き（民事訴訟提起、強制執行等）がとれなくなる、ということです。したがって、破産宣告以前の発生原因にもとづく債務（すなわち、破産債権）につき、支払責任から解放されると考えて良いでしょう。

二　復権破産宣告を受けると（同時破産廃止であれ、管財事件であれ）、一定の資格（たとえば、弁護士、公認会計士、税理士）に就けない等の制限を受けます。これらの制限からも、免責決定の確定により、解放されます。具体的には、本籍地の市町村役場における「身分証明書（破産者でないことの証明書）」の発行が可能となります。

他方、破産宣告以後の新しい発生原因にもとづく債務は、免責の効果の対象外となります（そもそも、多重債務を抱えて破産した人は、その後は新しい負債を作るべきではありません）。

また、カードや貸金業者のブラックリストは、免責決定とは次元が異なるものであり、免責決定が確定しても、当然ブラックリストからは、はずされません。

29 任意整理と自己破産の違い

Q 任意整理と、自己破産の違い、その分岐点（分かれ目）を分かりやすく説明して下さい。

A 私個人が抱いている大ざっぱなイメージで述べれば、任意整理とは、傷が浅い場合に行う「自宅療養」であり、自己破産とは、傷が深い場合に行う「外科的手術」といったところでしょうか。

任意整理は、裁判所を通さず、債務者の代理人の弁護士が、直接に債権者と交渉をするというものです。こういう意味で、「自宅療養」に例えられます。ただし、この自宅療養が通用するのは、あくまでも「傷が浅い」（すなわち、負債総額がさほど多くない）場合のみです。「傷が深い」（負債総額が大きい）場合には、裁判所における自己破産・免責という「手術」をとる必要性が高くなります。

もちろん、傷が浅く、任意整理ですむ場合は、それに越したことはありません。しかし、傷が浅くはないのに、無理に任意整理で済ませようとすると、かえって、傷をこじらせて解決を遅くする事態もありえるのです。しかも、傷が相当深くなってから、ようやく弁護士のもとに相談に来られる多重債務者の方が多いのが現状です。

次に、任意整理と自己破産の分岐点について、説明します。

弁護士が考える多数意見は、債務者の手取収入から、衣食住の必要経費を控除した可処分所得の大半を返済に充てたとして、「三年」で全ての負債を返済できるか否かという**「三年基準説」**だと思います。三年以内で返済できる（すなわち、負債総額がまだ多くなく、可処分所得にも余裕がある状態）場合には、任意整理の方向に傾くでしょう。他方、三年以内では返済が困難（すなわち、負債総額が多く、可処分所得にも余裕がない状態）場合には、自己破産の方向に傾かざるをえません。

任意整理の場合もブラックリストに載せられ、カードやサラ金から新規の融資は受けられなくなります（この点では、自己破産と同じです）。その返済は、借入れに頼らず、自己の力（無駄な支出を極力切り詰めて、返済に充てます）で行うことが必要となります。したがって、カードやサラ金が自由に使えた頃よりも、任意整理を開始した場合の方が、贅沢もできなくなり、ある意味で生活は窮屈になります（その反面、弁護士の指導に従ってきちんと任意整理を進めれば、徐々にですが、負債も減っていきます）。

このような、窮屈な緊縮財政的な生活を続けるのは、概ね三年ぐらいが限界でしょうし、家計の上でも返済に回せるのは収入の三割前後が限界といわれており、これらが根拠となって「三年基準説」が唱えられたのです。

他方、同時破産廃止の自己破産の場合、（債務者の事情や裁判官の考え方によっても多少のずれはありますが）、免責の可否が決まるまで三年もかからないのが通常です。解決までの時間という点でみれば、自己破産（同時破産廃止）の方が早いと一般的にはいえます。

30 返済期間が三年を上回る任意整理の可否

Q **任意整理と自己破産の分岐点は、三年以内に返済可能か否か（三年基準説）ということですが、返済期間が三年を上回る任意整理を行うことができますか。**

A 原則としては、返済期間が三年を上回る場合は、任意整理ではなく、自己破産で処理すべきであると思います。

前述（**一七一頁参照**）のとおり、任意整理も、ブラックリストに載せられ、新規の借入れはできなくなります。借入れに頼らず、自分の力（無駄な支出を極力切り詰めて、返済に充てます）で返済を進めていくこととなります。このような緊縮財政的な生活は、一般的には、三年が限度といわれており、それを超える長期間の返済生活は、かえって債務者を苦しめることになるからです。

しかし、どうしても任意整理を試みたいという理由がはっきりしており、かつ、債務者側に長期の緊縮財政的な返済生活に耐えられるような態勢があればですが、例外的に、期間が三年を上回る任意整理が試みられることもあります。どうしても任意整理を試みたいという理由の例としては、次のようなケースがあり得るでしょう。

一　債務者が自宅不動産を所有しており、どうしても、その不動産を手放したくない場合。

二　債務者の仕事が、保険外務員や宅地建物取引主任等の破産すると失われる可能性のある資格に関わるものである場合。

三　債務者の借金に、保証人がついている場合。

一の場合は、不動産所有の債務者が破産すれば、原則として破産管財人により不動産の処分がなされますが、それを防ぐため、とりあえず任意整理でやってみようというケースです（ただし、その不動産に抵当権などの担保が付されていれば、担保権が実行される危険は避けられず、任意整理でも、不動産の処分が回避できるとは限りません）。

二の場合は、資格を維持して仕事を続けながら、とりあえず任意整理でやってみようというケースです。

三の場合は、破産により、保証人が、その借金を一括請求される事態を回避させるためにとりあえず任意整理でやってみようというケースです（ただし、仮に任意整理を試みても、債権者と和解が成立しない場合は、保証人への一括請求は回避できません）。

裏から言えば、理由がはっきりしない場合（単に破産は嫌だから、任意整理でやって欲しいという債務者）には、長期返済の任意整理は困難といえます。

また、はっきりした理由があるだけでも、だめで、長期返済の任意整理に耐えられる債務者側の態勢が必要です。たとえば、いざという時には、債務者の親族も返済資金の支援を行える、長期の返済期間において、確実な定収入が見込める、退職金等のまとまった資金が入る等といったことです。

そして、最終的には、任意整理を担当する弁護士と、債務者が充分打ち合わせを行って、三年を超える長期返済の任意整理を試みるのか、自己破産にするのかを決めることとなります。

一般的な傾向として、債務者本人は、見通しを、非常に甘く見がちです。しかし、長期返済の任意整理は、債務者本人の返済生活も長くなり、相当の忍耐力を要するはずです。それに耐えられるかを、冷静に考えて、弁護士のアドバイスも受けつつ、慎重に決めるべきでしょう。

ちなみに、弁護士の一般的な傾向としても、長期返済の任意整理については、慎重に考える傾向があると思われます。

31 家族に知られずに任意整理を行うことは可能か、また適切か

Q 同居の家族に知られずに任意整理を行うことができますか。

A 家族に知られない自己破産の件については、既に述べました（一三六頁参照）。では、任意整理の場合は、どうでしょうか。

結論を先に述べれば、破産と同様、同居の家族に知られないで任意整理を行うのは、（不可能とは言えないまでも）非常に困難であり、また適切ではない、と思います。

確かに、任意整理を依頼された弁護士が、「介入通知」を貸金業者宛に通知さえすれば、弁護士が連絡先となり、債務者の自宅への督促（訴訟等は除く）は止み、同居の家族には知られないで済むでしょう。

しかし、前述のとおり、破産（同時破産廃止）と比べて、任意整理の方が長丁場となるのが

一般的です。さらに、当初、「三年基準説」に照らして、任意整理可能と判断できても、その後、予測できなかった事情の変化が起こることもしばしばあります。たとえば、病気やリストラによって職を失ったり、（本人は一生懸命働いても）会社の業績悪化により、ボーナスがカットされる等により、返済原資が大幅に減るなどです。

このような事情の変化も乗り越えて、任意整理を続けるためには、債務者本人の力だけではいかんともしがたく、どうしても同居の家族等の支援が必要となるでしょう。このようなことを考えれば、当初から同居の家族の理解、協力を取り付けた上で、任意整理をした方が良いのです。

また、同居の家族に秘密の任意整理では、債務者に対する身近な監督者がいません（依頼を受けた弁護士としては、一応、債務者本人に対し、切り詰めた生活をするよう指導するでしょうが、常時、監督することは無理です）。身近な監督者がいなければ、任意整理の途中で、だれて、再び借金に手を出したり、切り詰めた生活が続かなくなったり等で、任意整理がうまくいかないことも、残念ながら、しばしばおきています。

したがって、任意整理のことを、家族に打ち明けて、理解、協力を取り付けるべきだと思います。

32 利息制限法とは、何か

Q 任意整理では、利息制限法を活用すると聞きましたが、利息制限法とは、どういう内容のものなのですか。

A 任意整理の依頼を受けた弁護士は、債権者と交渉して、利息制限法を盾に、債務者が従前払い過ぎた利息を元金に組み入れ直し、債権額の減額を求めます。

この利息制限法は、短い条文ですが、結構、分かりずらいものです。しかし、債務者本人においても、利息制限法を充分理解できれば、高利の借金に手を出すことが、いかに割にあわないか、分かるはずです。

利息制限法一条一項は、元金（元本）が一〇万円未満の場合は、年二〇パーセント、元金が一〇万円以上一〇〇万円未満の場合は、年一八パーセント、元金が一〇〇万円以上の場合は、年一五パーセントを超える利息（制限利率超過利息と呼びます）の契約を「無効」としています。

ただし、債権者側では、制限利率超過利息であっても、一旦、債務者が支払いを約束した以上、約束通り支払えと請求してくるのが常です。ところが、サラ金、カード会社が、支払いを怠った債務者に対し、貸付金返還を求める民事訴訟を起こす場合には、制限利率超過利息は切り捨てて、利息制限法の制限利率の範囲内でしか請求してこないのが通例です。

ところで、利息制限法一条一項により、本来、無効であったはずの制限利率超過利息を支払ってしまった債務者は、後日、これを取り返せるでしょうか。本来ならば、「無効」な制限利率超過利息ですから、取り返せるはずなのですが、なんと利息制限法一条二項が、この取り返しを制限しているのです。

利息制限法一条二項は、債務者が、制限利率超過利息を任意に支払った場合には、もはや、その返還を請求できない（債権者から請求された制限利率超過利息の支払いは拒めますが、一旦、債権者に支払ってしまったものは取り返すことはできません）としています。

この利息制限法一条二項がおかれた理由は、制定当時（昭和二〇年代）の金融政策的配慮（一旦、債権者に支払われた制限利率超過利息の返還を認めるほど債務者保護に徹すれば、債権者にうま味がなくなり、新規の貸出しが手控えられ、かえって金融の道をふさぐことになりかねません）といわれています。しかし、今日振り返って見ると、何とも、おかしな理由づけです。

本来、無効な制限利率超過利息を、債権者がとり続けることには、一般の国民感情からして、抵抗感が拭えません。細かい理屈は省きますが、最高裁判所の判例（昭和三九年一一月一八日）は、支払済みの制限利率超過利息は、残債権の内の元金部分に充当される（その分だけ、元金が減って、債務者にとって有利になる）としました。さらに、最高裁判所の判例（昭和四三年一一月一三日）は、支払済みの制限利率超過利息が残元金に充当されていった結果、元金完済となった場合には、この元金完済以降に支払われた金額（過払金と呼びます）については、債務者は返還を請求できるとしました（過払金返還請求と呼びます）。

しかし、これらの最高裁判所判例があるにもかかわらず、依然として、制限利率超過利息での営業が横行しています。具体的にいえば、制限利率超過利息を収受した債権者は、これらをあくまでも約定の利息として充当処理して、元金には充当しません。そこで、任意整理担当の弁護士としては、最高裁判所判例を盾にして、制限利率超過利息を元金に充当するよう主張し、引き直し計算を行い、債務者が支払うべき残元金がなるべく少なくてすむように努めています。制限利率超過利息の支払期間が長ければ長いほど、元金充当される金額も増えますから、真の残元金も少なくなります。

なお、以上は、「利息」についての制限ですが、「損害金」であれば、利息制限法でも、従来は二倍（平成一三年六月一日以降の新規貸付分については一・四六倍）までは認められています（利息制限法四条一項、平成一一年一二月一七日法律一五五号三条による利息制限法の一部改正)。

債権者は、約定の支払期日に遅れれば、表面的には、督促の電話を遣したり、督促状を送り付けます。しかし、制限利率の二倍（平成一三年六月一日以降の新規貸付分については制限利率の一・四六倍）の「損害金」が堂々と取れるわけですから、本音では、しめたと思っているのかもしれません。

制限利率超過利息で取引している債権者の魂胆を見抜くことが、賢い消費者への第一歩といえます。

用語説明

利息と（遅延）損害金の違い

利息とは、当初約束された支払期日に遅れがなく収受される場合のものを指します（たとえば、銀行預金につく利息など）。損害金とは、当初約束された支払期日に遅れた場合に請求されるものを指します（正確には、遅延損害金と呼ばれます）。利息と同様、損害金も、あらかじめ当事者間で、利率を取り決めることができます（**民法四二〇条一項**）が、これらが青天井的に高利率になるのを予防するために、利息制限法が設けられています。

【利息制限法第一条一項・二項】

金銭を目的とする消費貸借上の利息の契約は、その利息が左の利率により計算した金額をこえるときは、その超過部分につき無効する。

元本が十万円未満の場合　年二割

元本が十万円以上百万円未満の場合　年一割八分

元本が百万円以上の場合　年一割五分

2債務者は、前項の超過部分を任意に支払つたときは、同項の規定にかかわらず、その返還を請求することができない。

【利息制限法第四条一項】

金銭を目的とする消費貸借上の債務の不履行による賠償額の予定は、その賠償額の元本に対する割合が第一条第一項に規定する率の二倍をこえるときは、その超過部分につき無効とする。

【平成一一年一二月一七日法律一五五号三条による利息制限法の一部改正】

利息制限法の一部を次のように改正する。第四条第一項中「二倍をこえる」を一・四六倍をこえる」に改める。

33　任意整理と利息カット

Q　任意整理にあたり、弁護士は、利息のカットの交渉を行うと聞きましたが、なぜ利息のカットが必要になるのですか。また、具体的には、どのような方法で利息カットを実現するのですか。

A　サラ金、カードのキャッシングの利率のほとんどは、利息制限法の制限利率（一〇万円未満は年利二〇パーセント、一〇万円以上一〇〇万円未満は年利一八パーセント、一〇〇万円以上は年利一五パーセント）を超えています。この高利率が、多重債務のおおもとの原因なのです。すなわち、債務者は、一生懸命に返してきたつもりでも、その全てが元金の返済に充当されるものではなく、相当部分は、利息（ないし損害金）に充当されてしまいます。そして、借金の件数が増えれば増えるほど、利息（ないし損害金）に充当されてしまう額もおのずと増えます。返済している金額の割には、元金は一向に減らず、かえって、借金の総額のみが加速度的に増加するという事態に陥るのです。

任意整理において、このような「蟻地獄」（返済しても、なかなか元金が減らず、借金地獄からはい出せないこと）から、抜本的に脱出するためには、利息のカットを実施するしかありません。仮に、任意整理を試みても、従前の高利率を引きずっていたのでは、せっかくの返済も利息（ないし損害金）に充当されてしまい、意味がないからです。

なお、利息カットには、二つの側面があることにも注意して下さい。

第一の側面とは、既に支払い済みの利息制限法制限利率を超過した利息分を、元金に充当し直すという作業です。これは、弁護士にとって非常に苦労する作業ですが、債務者とサラ金、カード会社のキャッシングとの取引が長ければ長いほど、充当計算により、元金が減らせる可能性も高まるのです。したがって、債務者においては、過去の取引の経過（初回はいつ頃からいくら借り始めたのか、いつ頃借換えをしたのか等）をしっかり思い出して、弁護士に報告する必要が大いにあります。

第二の側面とは、分割弁済を実施する際に、将来の利息を付さない態度を債務者側でとるという点です。利息制限法充当計算による返済額確定の後、三年程度の分割弁済案を、債務者側の弁護士より、債権者に提案することとなります。この際に、債権者から、「将来利息」（残元金だけではなく、完済に至るまで、それに一定の利息を付すること）を要求してくることもしばしばあります。しかし、利息が「蟻地獄」の原因であることは、前述のとおりです。「蟻地獄」に戻らずに債務者の経済生活を立て直すためには、将来利息のカットが必要となります。また、弁護士が介入する以前は、利息制限法違反の高利率を債権者側は取ってきたのですから、弁護士が介入した以後は、将来利息はカットされるのが、公平と言えます。

それでは、このような利息のカットは、具体的には、どのような方法でなされるのでしょうか。

極めて単純な方法なのですが、利息制限法の充当計算がなされ、将来利息がカットされた、残元金のみの分割弁済の和解が成立するまでの間、債務者本人の責任において、サラ金、カードに対する一切の支払いを保留（ストップ）することにします。

もちろん、債権者の中には、当初、この支払ストップに対し、反発を示してくるところもあります。しかし、弁護士が介入していれば、ガイドライン（旧大蔵省通達）により、貸金業者から債務者本人への督促は禁じられ、弁護士に対してしか交渉できなくなりますから、債務者本人においては、さほど気にすることはありません。むしろ、弁護士が行う利息カット作業（利息制限法充当計算と、将来利息カットの交渉）には、ある程度の時間（数カ月）がかかるのが通例です。この間、債務者は、ストップした債権者への支払分を、しっかりキープしておくことに努めるべきです。このキープしたお金が、利息カット後の分割返済の原資（もとで）

となるのです。

そして、当初、支払ストップに反発を示した債権者においても、（従前、利息制限法に違反した高利をむさぼってきたという負い目がありますから）相当の期間がたてば、債権者側から譲歩し、利息カットに応じてくれることがよくあります。

なお、たまにですが、将来利息を付けることをあくまでも主張して、法的手続き（民事訴訟提起など）をとる債権者もいます。この場合には、弁護士とよく協議のうえ、対応することとなります（このような個別訴訟に対しては、特効薬的な対処法は、残念ながらありません。しかし、訴訟の中でも和解を試みることは可能であり、前述のように、支払ストップ期間に、ある程度のお金を、債務者がキープしていれば、余裕をもって和解を検討することができると思います）。

計　算　書

1　計算方法

$$元金＋元金 \times \frac{法定利率}{(利息・損害金)} \times \frac{日数}{365} －返済額＝残元金$$

※法定利率は　10万円未満　　　年20％

(注)利率は借入元金額で決まる。たとえば15万円借りた場合は、最後まで、18％で計算する。

10～100万円未満　18％

100万円以上　　　15％

※上記計算で出てきた残元金を次の返済日の元金として同様の計算をくり返す。返済額が、法定利息分よりも少ないときは要注意。

上記計算では残元金中に法定利息の未払い分が入ってくるので、これを除いて計算を続ける(残元金は元金と同じのまま)。法定利息の未払い分は次の返済日の法定利息分に加えること。この場合、備考欄に注意書きを入れておけばよい。

うるう年にまたがる場合は12月31日までと1月1日からに期間を分けて、365日又は366日で各日割計算する。

計算明細（債務者　　　の分）　借入日　　年　　月　　日

借入元金　900,000円　　　　　借入金額　　金　　　　円

（借入日・平成元年7月27日、約定利率年39.785％）

番号	返済日	日数	法定利息	元金	返済額	残金	備考
1	元.8.30	34	$(1+0.18\times\frac{34}{365})\times$	900,000 (915,090)	－34,335＝	880,755	
2	10.2	33	$(1+0.18\times\frac{33}{365})\times$	880,755 (895,088)	－35,000＝	860,088	
3	11.6	35	$(1+0.18\times\frac{35}{365})\times$	860,088 (874,933)	－35,000＝	839,933	
4	12.7	31	$(1+0.18\times\frac{31}{365})\times$	839,933 (852,773)	－33,000＝	819,773	
5	2.1.1	35	$(1+0.18\times\frac{35}{365})\times$	819,773 (833,922)	－40,400＝	793,522	

番号	返済日	日数	法定利息	元金	返済額	残金	備考
6	2.2.19	39	$(1+0.18\times\frac{39}{365})\times$	793,522 (808,783)	−37,767＝	771,016	
7	3.28	37	$(1+0.18\times\frac{37}{365})\times$	771,016 (785,084)	−35,814＝	749,270	
8	4.26	29	$(1+0.18\times\frac{29}{365})\times$	749,270 (759,985)	−30,000＝	729,985	
9	5.31	35	$(1+0.18\times\frac{35}{365})\times$	729,985 (742,584)	−33,788＝	708,796	
10	7.6	36	$(1+0.18\times\frac{36}{365})\times$	708,796 (721,379)	−34,762＝	686,617	
11	8.9	34	$(1+0.18\times\frac{34}{365})\times$	686,617 (698,129)	−31,857＝	666,272	
12	9.19	41	$(1+0.18\times\frac{41}{365})\times$	666,272 (679,743)	−40,598＝	639,145	
13	10.24	35	$(1+0.18\times\frac{35}{365})\times$	639,145 (650,176)	−33,788＝	616,388	
14	11.28	35	$(1+0.18\times\frac{35}{365})\times$	616,388 (627,027)	−33,788＝	593,239	
15	3.1.8	41	$(1+0.18\times\frac{41}{365})\times$	593,239 (605,233)	−39,633＝	565,600	
16	2.21	44	$(1+0.18\times\frac{44}{365})\times$	565,600 (577,872)	−42,556＝	535,316	
17	4.5	43	$(1+0.18\times\frac{43}{365})\times$	535,316 (546,667)	−41,581＝	505,086	
18	5.30	55	$(1+0.18\times\frac{55}{365})\times$	505,086 (518,785)	−54,000＝	464,785	

34　任意整理で苦労する点は、何か

Q 任意整理は、結構手間がかかると聞きましたが、それはなぜですか。

A 一　弁護士にとっても、任意整理は結構手間がかかります。自己破産と単純に比較はできませんが、一般的には、同時破産廃止の自己破産・免責よりも、任意整理の方が時間も長くかかります（同時破産廃止の場合、とくに問題がなければ、約一年前後で免責の審理にこぎつけますが、任意整理の場合には、一般的には、うまくいっても終了まで約三年程かかります）。

債務者本人においては、「破産」よりも「任意整理」というネーミングの方が響きが良いせいか、どちらが手間がかかるのかということを考えずに、安易に任意整理を希望してくる傾向があります。しかし、最後までしっかりやりとげるという覚悟ができていない安

易な任意整理は、大半が挫折するといって良いぐらいです。

この任意整理の手間は、債権者側に原因があるものと、債務者側に原因があるものとがあります。

二　債権者側の原因として、一番大きいものは、利息制限法の計算（利息制限法の制限利率を超える利息分を元金に充当し直すこと）に概して非協力的な点です。この利息制限法計算を債務者側で行うためには、初回取引からの取引経過（貸付日、貸付金額、支払日、支払金額等）の詳細なデータが必要となります。本来、債務者本人において、これらのデータを保管していれば良いのですが、取引が長くなればなるほど、これらのデータは債務者の手元からなくなっているようです（日が経つにつれて、貸金業者から交付された借用書の控えや、領収書をなくすことが多くなります。また、家族に内緒で借りている債務者の場合には、家族に見られないよう、これらの書類をすぐに捨ててしまう場合もあるようです）。

これらのデータが手元にそろっていない場合（ほとんど全ての場合がそうですが）、債務者の弁護士から、債権者（貸金業者）に対し、取引経過の開示を申し入れます。現に、貸金業法にもとづく大蔵省通達（昭和五八年九月三〇日大蔵省銀行局長通達二六〇二号）でも、債務者の弁護士から開示の申し入れがあった場合、貸金業者は開示に協力しなければならないと定められています。

ところが、一部の悪質な貸金業者においては、大蔵省の通達を無視して、なかなか開示に応じてくれません。また、一部分の開示はしても、全体の開示はしない貸金業者もいます（とくに、古い借金を借換え、借増しにより、新規の借金に改めた場合、借換え、借増し前のデータも揃わなければ、正確な利息制限法計算はできないのです）。そこで、債務者の弁護士としては、粘り強く、初回からの取引経過全部の開示を求め続けることとなり、相当手間どるのです。

しかし、このような状態でも、債務者は焦る必要はありません。債権者が、初回からの取引経過全部の開示をしてくれなければ、債務者も利息制限法の計算が出来ず、弁済金額も定められず、したがって、任意整理の提案もできず、支払いをストップしたままの膠着状態となります。この膠着状態でも、弁護士が介入している間、貸金業者は債務者に直接督促することも前述の大蔵省通達で禁じられています。膠着状態の結果、貸金業者側が、取引経過の開示に応じてくるのが、大半です。

三　他方、債務者側に原因があって任意整理が手間どる場合もあり、この方が弁護士にとっては悩みが深いのです。

たとえば、任意整理で通常多く採用されている、三年程度の分割払いの途中で、病気や職場のリストラ等により、債務者が収入減となり、当初予定していた返済原資がキープできないという事態が時々起きます。三年間という長丁場ですから、収入減という事情の変化も、ありえない訳ではないのです。しかし、弁護士としては、当初立てた任意整理の計画が狂い、債権者側も計画の変更には不信感を抱き、任意整理がスムーズに進めづらくなります。

債務者の収入減の原因が、病気や職場のリストラ等ならまだしも、無駄遣いの再開などのけしからん場合もあります。

私の経験では、次のような例がありました。ギャンブル依存症の債務者なのですが、当初は、借金の原因であったギャンブルとは絶縁して、切り詰めた生活をするという約束で任意整理に着手しました。しかし、途中で、返済原資とすべき収入を再びギャンブルに費やしはじめ、弁護士が苦労して利息制限法計算により減額して和解した分割支払金を平気で滞らせるようになりました（余談ですが、ギャンブル依存症の多重債務者の中には、ギャンブルで一発当てた大金で、一気に借金を清算したいのか、悪いこととは知りつつ、ついついギャンブルを再開する者もあるようです）。

このような場合、到底、債権者の理解を得ることはできず、弁護士としても、債務者のかばいだてはできず、辞任するしかありませんでした。

病気や職場のリストラ等、収入減の原因がやむを得ないものの場合には、弁護士と債務者本人が充分協議して、任意整理を続けることができるのか、自己破産に切り替えるのかを決めることになります。

このような場合も、結論としては、自己破産と比べて、かえって余分な手間がかかることになります。したがって、どうしても、任意整理で行きたいという債務者においては、余分な手間がかかることなくやっていけるのかということを充分考えておく必要があります。

35 グレーゾーンとは、何か

Q サラ金の金利は、俗に「グレーゾーン」の範囲内で設定されていると聞きましたが、どういう意味ですか。

A もちろん、「グレーゾーン」という名前そのものは、法律のどこにも出てきません。その意味するところは、利息制限法の制限利率は超えるが、刑事罰は受けずに高利息をとれる許容範囲ということです。

利息制限法の制限利率を超える利息でも、債務者が任意に支払ってしまった場合、原則として返還請求はできないということは、前述のとおりです（ただし、後日、制限利率超過部分につき、元金への充当を請求できます。例外的に貸金業法四三条のみなし弁済が成立する場合には、制限利率超過部分の元金充当はできなくなります）。

では、債権者は、青天井的に欲しいままの高利息をとれるかというと、そうではありません。

実は、出資法（正式名称は「出資の受入れ、預り金、及び金利等の取締りに関する法律」により、貸金業者の利息（この場合は遅延損害金も同様）は、従来までは年利四〇・〇〇四パーセント（平成一三年六月一日以降の新規貸付は年利二九・二パーセント、このような出資法により刑罰の制裁のある金利は、罰則金利と呼ばれます）以下に制限され、これを超える利息（遅延損害金）の約束をしたり、受け取った貸金業者には、三年以下の懲役若しくは三〇〇万円以下の罰金、またはこれらの併科という、恐ろしい刑事罰が待ち構えています。

ちなみに、罰則金利の上限は、従来一〇九・五パーセントだったものが、貸金業者については、昭和五八年以降、段階的に引き下げられ、ようやく平成三年一一月から年利四〇・〇〇四パーセント、さらに平成一三年六月一日以降の新規貸付には年利二九・二パーセントになりました（なお、電話を担保にとる場合や、日賦貸金業者という特殊なケースでは、罰則金利は、これよりも高めに据え置かれています）。

したがって、ごく一部のアウトロー的な高利貸を除けば、サラ金の金利設定範囲は、利息、遅延損害金を問わず、出資法罰金金利を超えることはありません。しかし、裏を返せば、サラ金は、グレーゾーンの範囲内である限り、年利四〇パーセント（平成一三年六月一日以降の新規貸付なら年利二九・二パーセント）の高利でも、刑事罰のお咎めなく、堂々と営業できるということでもあり、それ自体、問題なしとはいえません。

【出資法第五条一項・二項】

金銭の貸付けを行う者が、年百九・五パーセント（二月二十九日を含む一年については年百九・八パーセントとし、一日当たりについては〇・三パーセントとする。）を超える割合による利息（債務の不履行について予定される賠償額を含む。以下同じ。）の契約をし、又はこれを超える割合による利息を受領したときは、三年以下の懲役若しくは三百万円以下の罰金に処し、又はこれを併科する。

2前項の規定にかかわらず、金銭の貸付けを行う者が業として金銭の貸付けを行う場合において、年四十・〇〇四パーセント（二月二十九日を含む一年については年四十・一一三六パーセントとし、一日当たりについては〇・一〇九六パーセントとする。）を超える割合による利息の契約をし、又はこれを超える割合による利息を受領したときは、三年以下の懲役若しくは三百万円以下の罰金に処し、又はこれを併科する。

【平成一一年法律第一五五号による一部改正】

出資法（昭和二九年法律第九五条）の一部を次のように改正する

第五条二項中、「四十・〇〇四％」を「二九・二％」に、「四十・一一三六％」を「二九・二八％」に、「〇・一〇九六％」を「〇・〇八％」に改める

36 出資法の罰則金利・利息制限法の損害金制限利率の改正

Q 出資法の罰則金利・利息制限法の損害金制限利率が引き下げられる方向で改正されたと聞きましたが、具体的に説明して下さい。

A 手短に言えば、平成一一年の商工ローン問題等がきっかけとなり、従来の利息制限法・出資法の根幹（民事上は無効だが、刑事罰を受けないグレーゾーン問題）は残したままで、平成一一年一二月一七日の出資法等一部改正により、平成一二年六月一日以降の新規貸付実施分から、貸金業者対象の出資法の罰則金利が年利四〇・〇〇四パーセントから二九・二パーセントに引き下げられました。

すなわち、平成一三年六月一日以降の新規貸付実施分からは、貸金の利息（遅延損害金も含む）が年利二九・二パーセントを超える場合には、刑事罰（三年以下の懲役若しくは三〇〇万円以下の罰金、又はこれらの併科）の対象となり得ることとなりました（ただし、電話担保金融、日賦貸金業者、質屋金融については、なお、年利二九・二パーセントを超える特例措置が認められていますが、詳細は省略します）。

他方、利息制限法一条一項所定の貸金の利息の制限利率（元本一〇万円未満は年利二〇パーセント、元本一〇万円以上一〇〇万円未満は年利一八パーセント、元本一〇〇万円以上は年利一五パーセント）は、そのまま維持されました。

そこで、利息制限法四条一項所定の貸金の遅延損害金の制限利率（元本の金額の多い少ないによらず、一律に利息制限法一条一項所定の通常の利息の制限利率の二倍）を、このまま適用すれば、例えば貸金元本一〇万円未満の場合には、利息制限法四条一項上は、年利四〇パーセントまで許されるところ、平成一一年一二月一七日の出資法一部改正では、罰則金利二九・二パーセントを優に超えるものとして刑事罰の対象となるという矛盾が生じることとなりました。

このような矛盾を解消すべく、利息制限法四条一項所定の貸金の遅延損害金の制限利率が、従来の一律二倍から、一律一・四六倍に変更となりました。

具体的には、利息制限法上の遅延損害金の制限利率は、以下のように改正されました。

（元本一〇万円未満）

通常利息の制限利率年利二〇％×一・四六倍＝年利二九・二％

（元本一〇万円以上一〇〇万円未満）

通常利息の制限利率年利一八％×一・四六倍＝年利二六・二八％

（元本一〇〇万円以上）

通常利息の制限利率年利一五％×一・四六倍＝年利二一・九％

これにより、従来よりは、「グレーゾーン」（民事上は無効だが、刑事罰は受けずに、貸金業者が営業できる金利の範囲）の幅は縮まりましたが、わが国独特の「グレーゾーン」という紛らわしい問題自体は、なお残ることとなりました。

公定歩合や銀行預金の利率が、年利一パーセントも満たないような低金利、デフレ基調の時代（平成一三年九月時点）においては、年利二九・二パーセントの出資法罰則金利はもとより、利息制限法の通常の制限利率（元本一〇万円未満は年利二〇パーセント、元本一〇万円以上一〇〇万円未満は年利一八パーセント、元本一〇〇万円以上は年利一五パーセント）ですら、相当高いものに感じられるはずです。

無意味な借金は、しないに越したことはありません。

37 貸金業法四三条の「みなし弁済」とは、何か

Q

利息制限法の制限利率超過分が元金に組み入れることができることとは分かりました。ところで、昭和五八年に成立した「貸金業規制法（貸金業法）」四三条の「みなし弁済」が成立すれば、制限利率超過分の元金組入れができなくなると聞きましたが、どういうことなのですか。

A

債権者（貸金業者）側で、貸金業規制法（以下、貸金業法と略します）四三条の全部の要件を満たしていることを証明できれば、本来無効なはずの利息制限法の制限利率超過分も、適法に利息として弁済を受けたとみなされ（このことを「みなし弁済」と呼びます）、制限利率超過分の元金組入れはできなくなるというルールもあります。そこで、昭和五八年の貸金業法制定当初は、制限利率超過分の元金組入れが今後はできなくなるとの悲観

論もありました。しかし、貸金業法四三条は、かなり条件の厳しい法律であり、貸金業者側でも、この全部の要件を満たせるのは非常に困難なのです。したがって、実務上は、貸金業法四三条のみなし弁済が成立するのは、（皆無とはいえないまでも）ごく稀な事態であり、大半の場合は、制限利率超過分の元金組入れの可能性があると考えて良いでしょう。

☞　**次に、貸金業法四三条の主な要件について、説明します。**

一　まず、債権者が、正規に登録を受けた貸金業者であること。

二　債務者が、「利息として」「任意に支払った」ものであること。

　したがって、支払われた金銭が利息なのか元金なのか不明確な場合には、適用外となります。また、強制執行により強制的に回収された場合や、貸金業法の取立規制に違反する強硬な取立てにより回収された場合には、任意性なしとして、適用外となります。

三　債権者が、貸金業法一七条所定の「契約書面」を、契約締結後遅滞なく、債務者に交付していること。

　なお、世上よく見受けられる「包括基本契約」（包括的な限度額だけを定め、その限度額内であれば、適宜、借入れができるという契約）につき、貸金業法一七条所定の「契約書面」には当たらず、みなし弁済の適用なし、とする判例が出ています（富山地

裁平成四年一〇月一五日判例時報一四六三号一四四頁)。

四　債権者が、貸金業法一八条所定の「受取証書」を、弁済のつど、直ちに弁済した者に交付していること。

なお、銀行振込による弁済の場合には、「そのつど、直ちに」貸金業者から貸金業法一八条所定の記載事項が漏れなく書かれた受取証書(領収書)が直ちに交付されない限り、原則としてみなし弁済の適用なしと考えられています(最高裁判決平成一一年一月二一日判例時報一六六七号六八頁)。

以上のとおり、貸金業法四三条は、なかなか分かりずらい法律なのですが、右の要件の**三**、**四**には、深い意味があります。すなわち、従前のサラ金の中には、貸金業法一七条の定める「契約書面」や、同一八条の定める「受取証書」の交付をしない者も多く、これが原因で、債務者との間で、「いつ・いくら借り・いくら返したか」が不明確となることもしばしばでした。そこで、貸金業者に対し、債務者保護の最低限のルールとして、契約締結後遅滞なく「契約書面」を交付させ、弁済のつど、直ちに「受取証書」を交付させることにしました。そして、これらのルールを守った貸金業者に対し、一種の褒美として、利息制限法を超える利息を取っていても、元金充当を免れることとしたのが、貸金業法四三条の立法趣旨といわれています。

余談になりますが、貸金業法は、昭和五〇年代半ば頃の第一次サラ金パニックを受けて、制定されたものですが、貸金業法四三条の要件のうち、三、四が示すとおり、必ずしも、消費者保護だけというものではなく、サラ金業者側にも相当の目配りをしているようです（消費者保護だけならば、契約書面、受取証書交付のルール化だけで充分なはず。なぜ、ルールを守った貸金業者に対し、褒美として、制限利率超過の利息の元金充当を免れる道を与えたのか、ふに落ちません）。

今後、規制緩和の波が、この貸金業法にも押し寄せる可能性もあります。しかし、貸金業法四三条は、条件が厳しいがゆえに、みなし弁済がなかなか成立できず、結果的に消費者の利益になっているということを忘れてはならないでしょう。この四三条をはじめとして、貸金業法の規制緩和（骨抜き）には、充分警戒すべきです。

38 期限の利益喪失とは、何か

Q サラ金の借用証書には、「次の場合には、当然に期限の利益を喪失する…」と書かれているのをよく見かけますが、どういう意味ですか。

A 「期限の利益」とは、簡単に言えば、借金の返済期限のことです。たとえば、「二〇万円を平成一〇年一月一日に借り受けて、その後、平成○年○月○日まで毎月末日限り金○円ずつ返済する」という場合の「平成○年○月○日まで毎月末日限り」というのが、期限の利益のことです。

期限の利益は、借金をした債務者にとっては、この上もなく、重要なものです。期限の利益がなくなった（すなわち、返済期限が到来したこと）借金の場合は、すぐに返すことが法律上義務づけられています。また、当初から期限の利益がない借金（すなわち、返済期限の定めがない借金）の場合には、債権者から返せと言われたら、即座に返すことが法律上義務づけられています（世間では、返済期限の定めがない借金について、「返済期限がないから、いつまでも借り続けられる」という誤解があります。しかし、ある日突然、債権者から返せと言われれば、有無を問わず全額一括で返すことが法律上義務づけられるわけで、決して気楽なものではありません。ただし、サラ金や、カードの借金においては、何かしらの返済期限が定められているのが通例であり、返済期限の定めがないのは極めて稀でしょう）。

「期限の利益の喪失」とは、債務者の信用状態の悪化を示す事情が発生した場合（期限の利益喪失事由と言います）、将来の返済期限を猶予を失わせて、全額の一括繰り上げ返済を債務者に義務づけるということです。

サラ金、カードの借用証書にあらかじめ書かれている、期限の利益喪失事由の代表例は、次のようなものです。

一　一回でも返済期限に遅れた場合。
二　手形、小切手の不渡りを出した場合。
三　破産、強制執行、仮差押、仮処分の申立てがなされた場合。
四　債務者が所在不明になった場合。

これらの中で、とくに問題になるのは、「一回でも返済期限に遅れた場合」というものです。これによって、「一回でも返済期限に遅れれば、会社側から特段の連絡がなくとも、当然に、期限の利益は喪失しており、残額を全額一括で繰り上げ返済すべき状態にあった」という主張を、サラ金やカード会社が後日してくることがあります。一回でも返済期限に遅れて、当然に期限の利益を喪失した以降に支払われた金銭は、利息や元金よりも、優先して損害金の方に充当していくということなのです。

たとえば、二〇万円の借金の場合、期限の利益喪失前の利息であれば、利息制限法引き直し計算では年利一八パーセント分しか取れませんが、期限の利益喪失後は、利息ではなく、損害金という名目で（利息の二倍の）年利三六パーセント（平成一三年六月一日以降の新規貸付なら改正出資法罰則金利上限の年利二九・二パーセント）分まで取れることとなります。

したがって、一、二回は、返済期日に遅れたことはあるが、それ以外はきちんと支払い続けてきたという債務者の場合、せっかくの返済金が、利息ではなく、損害金に充当されているという事態も往々にして起こり得ます。

もちろん、任意整理の際に、弁護士が利息制限法充当計算や利息カットを行う場合には、高利率（利息制限法の引き直し計算でも、損害金という名目ならば、制限利息の二倍（平成一三年六月一日以降の新規貸付なら改正出資法罰則金利上限の年利二九・二パーセント）の利率が認められています）の損害金への充当は極力認めず、利息へ充当すべきと交渉していくことになります。

39 消滅時効の問題

Q **古い借金を請求されていますが、消滅時効が成立していれば、支払う必要なしと聞きました。消滅時効とは、どういう制度ですか。**

A 時効とは、一定の時間の経過により、権利の行使ができなくなるという法律上の制度です（一定の時間の経過により、権利を得るという「取得時効」もありますが、ここでは、一定の時間の経過により、権利の行使ができなくなる「消滅時効」だけを説明します）。

何かしらの事情で、支払いのなされていない古い借金が、請求もないままに時間だけが経つことがあります。大きく分けて、五年目の消滅時効と、一〇年目の消滅時効があります（その他、取引内容によっては五年よりも短い消滅時効もありますが、詳細は省略します）。

五年目の消滅時効とは、商法五二二条が定めたものであり、債権者が会社（株式会社、有限会社）の場合と考えれば良いでしょう。会社形式をとる、サラ金やカード会社からの借金は、これにあたります。

一〇年目の消滅時効とは、民法一六七条一項が定めたものであり、会社以外の個人の貸金業者の場合が、これにあたります。

問題になるのは、債権者が、個人でもないが、会社（株式会社や有限会社）でもない、信用金庫、信用組合、信用保証協会などの場合ですが、とりあえず一〇年と考えておいた方が無難です。

なお、五年ないし一〇年という時効期間の起算点は、法律上は、「債権者が権利を行使することができる時から」（**民法一六六条一項**）と定められています。とりあえず、ここでは、最後の取引日（借入れや支払いを最後に行ったとき）と考えておけば、まず間違いはないでしょう。ただし、消滅時効完成前に、債務者において、返済（利息などの一部の返済も含む）をするなどにより債務の存在を自認したり、債権者において、法律上の請求手続き（支払命令の送達や、民事訴訟提起等）などをしたりすれば、時効は成立しません（正確に言えば、「時効中断」といって、既に進行した時効期間が振り出しに戻り、この時から、新たに時効期間が進行することになります）。

なお、（弁護士介入による自己破産や任意整理ではなく）債務者が夜逃げをして、長期間、所在不明になっていた場合には、最後の取引日から、五年ないし一〇年以上未払状態が継続しており、消滅時効が成立していることもあります。しかし、このような場合でも、債権者が、民事訴訟を提起し、勝訴判決を得ていれば（夜逃げをして所在不明でも、公示送達という手続きで裁判の呼び出しがなされ、民事訴訟は進められます）、時効は中断します。したがって、夜逃げして借金を時効にかけるという手段は、決して万全ではないのです。

また、（難しい話ですが）通説によれば、仮に、借金が時効にかかっていたとしても、権利自体が消滅する訳ではなく、ただ、裁判による請求手続き（民事訴訟提起等）がとれない状態（「自然債務」として、権利自体は残っています）に過ぎないと解釈されています。論者によっては、時効にかかった古い借金でも、法律上請求手続きがとれないだけで、それ以外の方法で督促する（自宅に訪問して取立てを行うなど）ことは、許されると解釈する向きもあります。現に、時効にかかった古い借金を、譲り受けて、裁判上の請求手続き以外で、しつこく督促する業者もいます。

したがって、夜逃げは、単なる一時しのぎに過ぎず、かえって後日のトラブルを招くものです。あくまでも夜逃げではなく、自己破産、任意整理などで借金に立ち向かうべきだと思われます。

40 簡易裁判所の特定調停について

Q 地方裁判所における自己破産や、弁護士が行う任意整理以外に、第三の借金整理法として、簡易裁判所における「特定調停」という制度があると聞きましたが、どういう制度ですか。

A

一　まず、「特定調停」の前に、「調停」という制度について説明します。

調停とは、裁判所でなされる手続きです。しかし、勝ち負けを証拠に照らして明確にする訴訟とは異なり、調停の場合は、裁判所という場を利用した、一種の話し合いなのです。話し合いですから、相手方が調停の場に出て来なかったり、仮に出て来ても、主張が平行線のままで、調停が打ち切りになる（「不調」といいます）ということもあり得ます（他方、訴訟の場合には、第一回の裁判日に被告が欠席し、かつ答弁書という書面すら出していなければ、原告の言い分を認めたものと扱われて、そのまま原告勝訴の判決が出されます）。

二　そして、「特定調停」とは、裁判所（簡易裁判所でなされるのが大半です）で行われる、債務者の債務の整理方法についての話し合いと言えます（従来は、債務弁済調停という種類しかありませんでしたが、平成一二年より「特定調停」という新しい種類の調停が新設され、そこでは利息制限法引き直しによる負債圧縮を積極的に行えるよう、いろいろな工夫が設けられています）。

具体的には、債務者が申立人となり、債権者を相手方として、支払いが困難となった債務について、分割払い、相当額カットの上での一括払い、支払期限の猶予等の申立てを、調停の裁判所に行うこととなります。

その際、債務者側で「調停申立書」を書いて、裁判所に、提出することとなります（これは、訴訟の書類とは異なり、比較的平易なもので、敢えて弁護士でなくとも、債務者本人で書けるという建前ではあります。なお、一般の調停と異なり、特に「特定調停」によりたい場合には、申立書に特定調停による旨を記載する必要があります。実際の調停は、弁護士が関与せず、債務者本人で申立てをする例が圧倒的に多いようです。

そして、債務弁済調停を受理した裁判所の事件番号を、貸金業者である債権者に通知すれば、貸金業法に基づく通達により、本人の自宅や勤務先への直接請求（法的手続き以外での督促）は差し控えられることになります。

三　以上のとおり、調停は、弁護士に頼むこともなく、気軽にやれるというメリットがあります。他方、次に述べるようなデメリットもあり得ます。

すなわち、調停で約束された支払内容は、「調停調書」にされてしまい、債務者がそれに違反すれば、調停調書にもとづき、給料差押え等の強制執行を直ちに受ける危険がある、という点です（調停調書も、判決、公正証書等の強制執行のもととなる債務名義の一種です）。弁護士が行う任意整理の場合には、債務名義を作らないのが一般的ですが、それに比べて、調停の方は、債務者にとってやや不利と言えます。

41 白紙委任状への実印押印、印鑑登録証明書提出は危険か

Q

ある金融業者は、融資をするための前提条件として、業者が用意した白紙委任状（金額、返済期限などの重要な項目が空白のもの）へ債務者の実印を押印し、かつ債務者の印鑑登録証明書を業者へ提出するよう指示してきました。どうすれば良いでしょうか。

A

結論から述べれば、債務者の実印の押された（白紙）委任状と、印鑑登録証明書は、金融業者に渡すべきではありません。これらさえ揃っていれば、後日、金融業者側で、勝手に「公正証書」を作り、債務者の財産（給料や家財道具など）に強制執行をかけることが可能となります。

そもそも、「公正証書」は、債務者本人が、公証役場に出頭し、公証人に会わなければ作ることができないのが原則です。しかし、例外として、債務者本人の出頭がなくとも、債務者の

実印の押された委任状と、印鑑登録証明書（公証役場における有効期間は六カ月）さえあれば、債権者側が用意した人を代理人として公証役場に出頭させ、債務者が知らないうちに、公正証書を作ることもできるのです。

さらに、悪質な金融業者の場合には、白紙委任状（金額、返済期限などの重要な項目が空白）であることを利用して、業者にとって都合の良い金額を勝手に補充して、公正証書を作ることも有り得るのです。

したがって、貸金業法二〇条では、登録貸金業者に対し、公正証書作成用の白紙委任状を債務者から取り付けることを禁止しています（同条の違反には、行政処分や、刑事罰もあり得ます）。

しかし、貸金業法二〇条を守らない違法な金融業者や、このような業者の言いなりになって、白紙委任状を安易に渡す債務者も依然として後を絶ちません。

後日のトラブルを予防するためにも、白紙委任状を渡すことは、断固として避けるべきです。

42 紹介屋、整理屋、買取屋の弊害

Q いわゆる紹介屋、整理屋、買取屋は、信用してよいのですか。

A **結論を述べれば、紹介屋、整理屋、買取屋は、絶対に避けるべきです。**これらに引っ掛かったために、被害がさらに拡大したという例は枚挙にいとまがありません。

まず、これらの実態から説明しましょう。

一 「紹介屋」とは、自分で直接貸付けを行うのではなく、他のサラ金を紹介して、融資額の相当分（二、三割、多いときでは、それ以上）を紹介手数料として、ピンハネする業者のことです。

そもそも、出資法（出資の受入れ、預り金及び金利等の取締りに関する法律）四条一項は、紹介業者が、融資額の五パーセントを超える手数料を受け取ることをかたく禁止しています（これに違反した業者は、三年以下の懲役若しくは三〇〇万円以下の罰金、又はその両方に

処されます）。

また、紹介業者が受け取る金銭は、仮に「手数料」という名目でなくとも（たとえば、調査料など）、手数料とみなされ、融資額の五パーセントを超えては、本来受け取れないはずなのです（**出資法四条二項**）。

しかし、新聞広告や電話ボックスのチラシなどで勧誘をして、引っ掛かった客から、五パーセントを遥かに超える手数料をピンハネする紹介屋は、後を絶たないようです。これらの広告とチラシに安易に飛び付いた結果、当座の新規融資が得られても、多額の手数料ピンハネにより、この現実の融資金額を遥かに上回る、高利の負債が新たにまとわり付き、かえって負担は重くなるのです。

紹介屋の方では、広告の段階では、多額の手数料ピンハネのことは隠して、「他店で借りられない方でも、うちなら融資可能」「借金一本化可能」などと自分が貸付けをするかのような甘い言葉で勧誘してきます。このような広告には充分警戒して下さい。

二　「整理屋」とは、弁護士の資格がないのに（あるいは、「整理屋提携弁護士」と呼ばれる一部の悪徳弁護士と結託して）、債務整理（破産ではなく任意整理が大半）を業として行っているものです。

整理屋は、「任意整理」と称して、毎月、多重債務者から相当額の金銭を得ながら、示談交渉をほとんどせず（また仮に、示談交渉を行ったとしても、債権者側の言いなりにすぎないような、ずさんな交渉しかできません）、その間に、相場を超える多額の整理手数料をピンハネしてしまうというものです。

このような整理屋は、弁護士法七二条（弁護士でない者の報酬目的での法律事務の禁止、「非弁活動」の禁止とも言います）により、かたく禁止されています（これに違反した業者は、二年以下の懲役又は一〇〇万円以下の罰金に処されます）。整理屋に引っ掛かった場合、紹介屋のケースと同様に、多額の手数料ピンハネにより、かえって負担は重くなるのです。よって、整理屋、及び整理屋提携弁護士に依頼しないことはもちろん、仮に、不幸にも依頼してしまった場合には、すぐに手を切るべきです。

三　「買取屋」とは、多重債務者のカードを利用させて、金券（新幹線の切符、商品券、ビール券など）や換金性の高い家電製品（ビデオ、パソコンなど）をクレジットで買わせ、これらを定価よりも大幅にディスカウントして、第三者などに買い取らせるという業者です。この場合も、実際に債務者にわたる買取代金よりも、後日、請求を受けるカード代金の方が遥かに多く（その差額分は、買取屋にピンハネされたことになります）、かえって負担は重くなるのです。

このような紹介屋、整理屋、買取屋が後を絶たないのは、捜査当局の追及の甘さも一因でしょう。しかし、弁護士に依頼して正規の任意整理を試みたり、自己破産をするなどの法的手続きをとることを面倒くさがり、安直に、「他店で借りられない方でも、うちなら融資可能」などという広告に引っ掛かる多重債務者側の責任も否定できません。ともかく、これらに引っ掛かる前に、ざっくばらんに弁護士に相談すべきでしょうし、仮に引っ掛った場合でも、すぐに弁護士会などの正式な相談機関の弁護士に相談するべきです。

43 弁護士に依頼するメリット

Q 債務整理を弁護士に依頼するメリットを具体的に説明して下さい。

A 一 任意整理や個人民事再生手続のような利息制限法をフルに活用する方向の場合は、弁護士に依頼するのが原則です。

利息制限法の引き直し計算や、利息カットの交渉は、到底、債務者本人でやれるものではなく、弁護士の介入が不可欠です。なお、どうしても弁護士を立てずに、破産によらない債務整理を試みたい場合には、簡易裁判所における調停を利用することも考えられます。しかし、調停には、先に述べた（二一一頁参照）ようなデメリット（調停調書が債務名義となり、後日、返済が滞った場合、強制執行を受けます）もあり、この点では、債務名義を残さない任意整理や個人民事再生手続の方が、債務者側に有利と言えます。

二 また、件数・負債総額が少ない場合、あえて弁護士を立てることもなく、親族、知人から援助を得た資金をもって、債務者本人で、直接、負債を一括で繰り上げて返済してしまうことも不可能ではないでしょう（延滞する前に、弁護士介入によらずに、一括繰り上げ返済で済ませれば、ブラックリストに載らずに済むかもしれません）。しかし、このような少額一括返済の場合でも、仮に支払い漏れがあれば、将来、再び債務が膨らみ、多重債務に陥る危険性もあります。何よりも、このように簡単に済ませた場合は、往々にして、債務者本人においては、借金に対する反省が不充分で、再び多重債務に陥る例も少なくはないのです（ブラックリストに載らないため、借りようと思えば借りられる環境にあり、反省不充分な本人は、再び借金に手を出すことになります。また、サラ金から、本人に対して、「また借りられますよ」と融資を勧誘することもよくあります）。

三　自己破産の場合は、（任意整理と比べて、債権者と交渉する機会は少なくなり）弁護士を立てずに、債務者本人だけで進めることは（あまりお勧めしませんが）、不可能ではありません。現に、東京地方裁判所の場合には、いかなる訳か、個人の自己破産申立てのうち、約一割（平成一三年現在）は、弁護士が付かない「本人申立て」と言われています（他方、大阪地方裁判所ではいかなる訳か以前から、自己破産の本人申立ては、東京地方裁判所よりも遥かに少ないとのことです）。しかし、この場合でも、弁護士に依頼するメリットは大きいと思います。その理由を考えてみましょう。

❶ 第一に、本人申立ての場合には、仮に、自己破産申立てを債権者に知らせても、取立て（支払命令、訴訟等の法的手続きではなく、自宅、勤務先に連絡をとり、督促をすること）を止めない貸金業者もありえるでしょう。貸金業法に関する大蔵省通達では、自己破産申立てを通知された貸金業者は、取立てを自粛しなければならない建前です。しかし、弁護士という盾がないため、債務者本人申立ての場合、強硬な貸金業者は、債務者本人をなめてかかり、通達を無視し、取立てを続ける事態も皆無ではないでしょう。

この点、弁護士が介入していれば、弁護士から貸金業者に抗議できる訳で、このような事態は予防できます（どうしても通達違反の取立てを止めない貸金業者に対しては、最終的には、所轄官庁（都道府県の貸金業担当課ないし財務局）に苦情申立てを行う等により、対処することになります）。

❷ 第二に、自己破産に至った理由を裁判所に説明する際にも、債務者本人だけではなく、弁護士と打ち合わせをした方が、債務者に有利な事情をアピールしやすくなるでしょう。もちろん、裁判所に対する説明は、うそはつけませんが（**破産法三六六条の九第三号**）、多重債務や自己破産に至った、債務者なりのやむを得ない事情というものもあり、そこから、裁判官の同情を引き出せるように上手に表現するテクニックが必要となります。債務者本人だけで考えるのではなく、法律専門家である弁護士と充分打ち合わせしながら、進

めて行くことは、債務者にとって心強いことでしょう。

❸　第三に、ある程度の長丁場になる自己破産、免責手続きにおいては、当初には予期していなかったような事態も往々にしておき得ます。たとえば、一部の債権者が個別訴訟を起こし、そこで得られた判決にもとづき給料を差し押さえたり、（裁量）免責を得るための前提条件として、一部積立を裁判官から勧告される等です。これらの突発事態への対処法は、各種マニュアル本はもちろんのこと、破産法の教科書にもまず載っていないでしょう（個別訴訟や、一部積立勧告の問題がクローズアップされたのは、ここ数年のことです）。もちろん、裁判所の窓口に問い合わせても、踏み込んではアドバイスしてくれないのです（とくに、個別訴訟の場合には、破産者と敵対する債権者がおり、中立的な裁判所としては、立場上、債務者に有利なアドバイスはできないはずです）。

　このような事態に対処するためにも、弁護士というアドバイザーが債務者の身近にいれば、心強いことでしょう（なお、積立指示・一部弁済・自主配当に代わる少額管財等の最近の東京地方裁判所本庁の新しい運用でも、進行をスムーズに進めるため、自己破産申立人に対し、代理人として弁護士を付けることを勧告しています）。

以上の点から、弁護士へ依頼するメリットがあることは明らかですが、そのネックとなるのは、費用のことかもしれません。しかし、現在では、着手金を一括払いではなく、分割払いに応じる弁護士も増えているものと思われます（東京三弁護士会のクレサラ相談では、弁護士の裁量によっては、着手金の分割払いも認めているようです）。「弁護士は、高いもの」と決めつける前に、弁護士とじっくり協議して、費用や事件処理の内容を決めてみて下さい。なお、弁護士を見付ける手だてがない場合には、弁護士会等の各種相談機関に相談に行き、そこで弁護士を紹介してもらうのが早道でしょう。

44 多重債務者の相談機関

Q 多重債務者の相談機関として、（平成一三年時点の東京都内に限れば）東京三弁護士会の有料相談、法律扶助協会、財団法人日本クレジットカウンセリング協会などがあると聞きましたが、これらの違いを説明して下さい。

A 一　これらの相談機関のうち、原則的なものは、弁護士会の相談センターだと思います。特に東京では、東京三弁護士会（東京弁護士会、第一東京弁護士会、第二東京弁護士会）で、多重債務者専門の相談窓口（四谷と神田に設けられたクレサラ相談センター）を設置しています（なお、弁護士会は、各都道府県に一つだけ設置されるのが原則ですが、とくに人口が多い東京では、歴史的な経緯もあり、三つの弁護士会が併存しています）。

以前は、東京の三弁護士会でも、相談窓口がばらばらだったのですが、新しい弁護士会館ができたのを機会に、相談窓口を統一し、利用しやすくなりました。ここでは、三〇分あたり五〇〇〇円（プラス消費税）の有料相談となります。

なお、相談者が相談だけで終わらせずに、自己破産、任意整理、訴訟の応訴などの事件処理を依頼すれば（ただし、これらの費用は、相談料とは別途となります）、原則として相談を担当した弁護士が、そのまま事件処理も引き受けることもできる態勢になっています。そもそも、多重債務の問題は、相談だけで解決できることは少なく、弁護士の関与による迅速な事件処理が必要です。このような要請に最も良く応えているのが、東京三弁護士会のクレサラ相談だと思います。

なお、相談だけでなく事件処理を弁護士に依頼するときには、費用の点が気になります。一括払いではなく、分割払いを認める弁護士も増えています。この点は、遠慮せずに、弁護士と良く話し合って決めて下さい。

二　財団法人法律扶助協会でも、法律相談を行っています。そもそも、法律扶助協会とは、低所得者が正当な事件処理を望む場合に、弁護士を紹介して、その費用も立て替えるという団体です（協会の立替後は、依頼者より協会に対し、奨学金に類似する形で、毎月少額ずつ返済していくことになります）。

従前は、多重債務者の債務整理事件の扶助（弁護士の紹介及び費用の立替え）の場合は原則としては、生活保護受給者のみが対象となり、債務整理の方法も、任意整理は行わず、自己破産のみでしたが、最近では、扶助の基準も緩和され、任意整理の扶助も可能となりました。なお、扶助協会では、依頼者の事件が正当なものか、審査を経てから、扶助をするか否かの決定をするというシステムになっています（免責の見通しがない場合は、扶助をしないこともあり得ます）。その審査に若干の時間がかかり、弁護士会のクレサラ相談よりも、スピードは遅いことは否定できません。

三　財団法人日本クレジットカウンセリング協会は、任意整理のみを無料で取り扱う団体（経済産業省主管の公益法人）です。クレジットカウンセリング協会の嘱託の弁護士が、多重債務者より事情を聴取し、利息制限法での引き直し計算を行い、合理的な分割弁済案をクレジット会社、貸金業者に提案して任意整理を進めて行きます。

ただし、弁護士費用が無料であることの引き換えとして、本人の可処分所得をもって三年程度で返済できること、その間は借金に頼らず節約した生活を心掛けること、協会の指示を守ること、本人に返済意思があることなど厳しい条件がつけられます（しかし、多重債務者にとっては厳しいと思われる条件でも、その内容は当然のことなのです）。

また、経済産業省主管ということに若干関係しますが、債権者の中にクレジット会社が一社以上入っていることも条件とされています（クレジット産業の担当官庁は経済産業省）。これらの条件が満たせなければ、クレジットカウンセリング協会では、取り扱えないこととなります。

以上、三つの相談機関の概略を説明しましたが、どれを選ぶかは、依頼者自身のニーズ（たとえば、弁護士費用の安さだけを狙うのか、あるいは費用は多少かかっても迅速な事件処理を望むのか等）に照らし合わせ、検討されてみてはいかがでしょうか。受付時間や予約の要否等の細かい点は、直接、これらの相談機関に問い合わせて下さい。

なお、以上の機関は、あくまでも東京都内のものに過ぎませんので、他道府県の相談機関については、各都道府県にある弁護士会などに相談して下さい。

東京三弁護士会・四谷クレサラ相談センター
東京都千代田区麴町６の４　麴町三幸ビル５階 電話03（5214）5152
東京三弁護士会・神田クレサラ相談センター
東京都千代田区神田須田町１の24　大一東京ビル７階 電話03（5289）8850
財団法人法律扶助協会　東京都本部
東京都千代田区霞が関１の１の３　電話03（3580）2851
財団法人日本クレジットカウンセリング協会
東京都新宿区新宿１の15の９　さわだビル９階 電話03（3226）0121

弁護士会一覧表

弁護士会名	所在地	電話
東京	〒100-0013　東京都千代田区霞が関1－1－3	03(3581)2201(代)
第一東京	〒100-0013　東京都千代田区霞が関1－1－3	03(3595)8585(代)
第二東京	〒100-0013　東京都千代田区霞が関1－1－3	03(3581)2255(代)
横浜	〒231-0021　横浜市中区日本大通9	045(201)1881(案内)
埼玉	〒336-0011　さいたま市高砂4－7－20	048(863)5255
千葉県	〒260-0013　千葉市中央区中央4－13－12	043(227)8431(代)
茨城県	〒310-0062　水戸市大町2－2－75	029(221)3501
栃木県	〒320-0036　宇都宮市小幡2－7－13	028(622)2008
群馬	〒371-0026　前橋市大手町3－6－6	027(233)4804
静岡県	〒420-0853　静岡市追手町10－80	054(252)0008
山梨県	〒400-0032　甲府市中央1－8－7	055(235)7202
長野県	〒380-0872　長野市妻科432	026(232)2104(代)
新潟県	〒951-8126　新潟市学校町通一番町1	025(222)3765
大阪	〒530-0047　大阪市北区西天満2－1－2	06(6364)0251(案内)
京都	〒604-0971　京都市中京区富小路通丸太町下ル	075(231)2335(代)
兵庫県	〒650-0016　神戸市中央区橘通1－4－3	078(341)7061(代)
奈良	〒630-8213　奈良市登大路町5	0742(22)2035
滋賀	〒520-0051　大津市梅林1－3－4	077(522)2013
和歌山	〒640-8144　和歌山市四番丁5	073(422)4580
名古屋	〒460-0001　名古屋市中区三の丸1－4－2	052(203)1651(代)

三　　重	〒514-0032　津市中央３－23	059(228)2232
岐 阜 県	〒500-8811　岐阜市端詰町22	058(265)0020
福　　井	〒910-0023　福井市順化１－24－43 ストークビル福井一番館３階	0776(23)5255
金　　沢	〒920-0937　金沢市丸の内７－２	076(221)0242
富 山 県	〒939-8202　富山市西田地方町２－７－５	076(421)4811
広　　島	〒730-0012　広島市中区上八丁堀２－66	082(228)0230・2982
山 口 県	〒753-0045　山口市黄金町２－15	083(922)0087
岡　　山	〒700-0807　岡山市南方１－８－29	086(223)4401(代)
鳥 取 県	〒680-0011　鳥取市東町２－221	0857(22)3912
島 根 県	〒690-0886　松江市母衣町55－４ 島根商工会館　松江商工会議所ビル７階	0852(21)3225(代)
福 岡 県	〒810-0043　福岡市中央区城内１－１	092(741)6416(代)
佐 賀 県	〒840-0833　佐賀市中の小路４－16	0952(24)3411
長 崎 県	〒850-0875　長崎市栄町１－25 長崎ＭＳビル４階	095(824)3903
大 分 県	〒870-0046　大分市荷揚町７－15	097(536)1458・1467
熊 本 県	〒860-0078　熊本市京町１－13－11	096(325)0913
鹿児島県	〒892-0816　鹿児島市山下町13－47	099(226)3765
宮 崎 県	〒880-0803　宮崎市旭１－８－28	0985(22)2466
沖　　縄	〒900-0023　那覇市楚辺１－５－15	098(836)2251
仙　　台	〒980-0811　仙台市青葉区一番町１－17－20 グランドメゾン片平３階	022(223)1001～2
福 島 県	〒960-8112　福島市花園町５－45	024(534)2334
山 形 県	〒990-0047　山形市旅籠町２－４－22	023(622)2234
岩　　手	〒020-0023　盛岡市内丸９－１	019(651)5095
秋　　田	〒010-0951　秋田市山王６－２－７	018(862)3770

青森県	〒030-0861　青森市長島1－3－17 阿保歯科ビル3階	017(777)7285
札　幌	〒060-0001　札幌市中央区北一条西10－1－7 第百生命　札幌第二ビル7階	011(281)2428(代)
函　館	〒040-0031　函館市上新川町1－8	0138(41)0232
旭　川	〒070-0901　旭川市花咲町4	0166(51)9527
釧　路	〒085-0824　釧路市柏木町4－3	0154(41)0214
香川県	〒760-0023　高松市寿町2－3－11	087(822)3693
徳　島	〒770-0854　徳島市徳島本町2－32	088(652)5768
高　知	〒780-0928　高知市越前町1－5－7	088(872)0838
愛　媛	〒790-0003　松山市三番町4－8－8	089(941)6279

45 商工ローン問題

Q 商工ローン問題とは、どのようなことでしょうか。

A

平成一一年に、某大手商工ローン業者社員による脅迫的取立てが社会問題となり、その年の後半には、大手商工ローン二社の代表者が国会で証人喚問されるなど記憶に新しいところです（しかし、忘れやすいわが国の国民性からか、過去のサラ金パニックと同様、マスコミが取り上げる回数も少なくなり、商工ローン問題も風化しつつあり、警鐘を鳴らす意味で、本項を追加しました）。

商工ローン問題も、内容が複雑多岐にわたり、一口で言い尽くせるものではありませんが、その特徴を敢えて手短に言えば、次のとおりです。

一　（資金繰りに苦しむ）中小企業（個人事業主のこともあり）相手に、事業資金（個人消費者がサラ金から借りるよりも遙かに多額の借入れとなり、数百万円、数千万円にも達することがあります）を、利息制限法制限利率（元金一〇〇万円以上の場合なら本来は年利一五パーセント）を遙かに超える高い利率で、継続的に貸し付けます。

商工ローンの場合、表面的な金利のほか、「手数料、調査料、保証料」という名の負担も加算すれば、実質的な金利はサラ金以上に高く、しかも事業資金ゆえに元本も多額であり、実質的な金利負担は相当ハードとなり、当座の資金繰りのために手を出した商工ローンにより、かえって、中小企業の資金繰りが致命的に悪化するという危険があります。

二　そもそも主債務者が資金繰りに苦しむ中小企業（しかも金額のまとまった）事業資金借入れであることから、必ずといっていいほど、複数（場合によっては多数）の連帯保証人を要求されます。

この保証人が、当該中小企業の代表者・事業主のみならず、単なる親戚・知人などという関わりが薄い人が、情に迫られて保証人となったところ、主債務者の倒産により、予想外に多額の保証債務の支払いを迫られるというのが、商工ローン問題の典型的なパターンです。

三　しかも、商工ローンが取り付ける保証のパターンは、金額が固定的なものではなく、根保証（当初の債務額が単純に減り続けるのではなく、事業資金を必要とする主債務者の追加借入れにより、予想外に主債務額が増えるものです）という危険を秘めたものです。

四　さらに、商工ローン業者は、回収の確実性を狙い、手形を取り付けたり（不渡による銀行取引停止処分という強烈なプレッシャーが加わるため、高い金利負担で苦しみながらも支払いを強いられます）、不動産を所有している保証人に対しては、根抵当権設定仮登記を即座に付けられるような承諾書類を、充分に理解していない債務者、保証人から取り付けたり、保証人の給料に対し仮差押えをかける等の回収手段を駆使します。

このような商工ローンの最大の被害者は、保証人です。

情に迫られて何らの見返りもなく無償で保証人になってしまったところ、根保証により、当初予想していた額よりも多額の保証債務を請求されるという危険があることを充分警戒し、特に商工ローンの保証人になることについては、慎重に対処すべきでしょう。

商工ローンの保証人自体は、多重債務者ではないことが多く、自分が作ってもいない主債務のために、自己破産申立てをすることには心理的な抵抗感が強いことも事実です。

商工ローンの保証人救済には、通常のクレジット・サラ金による多重債務者の処理以上に高度なテクニックを要します。トラブルを抱えた商工ローンの保証人の方には、とりあえず、弁護士会の相談センター等の公的な相談窓口で、商工ローン問題に詳しい弁護士の紹介を求められることをお薦めします。

46 民事再生手続の概説

Q 自己破産とも任意整理とも異なる「民事再生手続」による負債の整理とは、どのようなことでしょうか。

A 平成一二年四月（個人債務者再生手続については平成一三年四月）からスタートした民事再生手続（従来の和議法の和議手続に代わるもの）を一言で説明するのは、残念ながら無理です（この説明だけで、一冊の本が書けるぐらいの分量になります）。

あえてイメージとして述べれば、任意整理と自己破産の中間形態（どちらかというと任意整理のイメージの方に近いでしょう）といったものでしょうか。

固定主義（宣告時に負債と資産を凍結し、宣告時点における資産だけをもって宣告時点の負債に対し配当を行います）を採る現行の破産手続とは異なり、従来の和議法の和議手続（平成一二年に廃止）は、膨張主義（開始決定後に債務者が得た資産も、負債に対する配当原資としていきます）を採っていました。

このような膨張主義の方向性は、民事再生手続に受け継がれました。

総じて固定主義（破産）よりも膨張主義（従来の和議、現行の民事再生）の方が、弁済総額は多くなりますが、その反面、民事再生の場合には、原則として債務者は、資産に対する管理処分の権限を失わないというメリットもあります（この点では、任意整理と似ています。すなわち、民事再生手続開始後の一定期間、債務者の収入・収益から、債務者宛の弁済に回す資金を捻出させるため、債務者の経済活動に対する裁判所の関与は、必要最小限に押さえられます。この点から、裁判所の関与を厭う債務者の自尊心は、間接的にですが守られると言えますが、裁判所の関与が弱かった従来の和議の場合、約束された弁済が途中でなおざりになりやすいという重大な欠陥があり、債権者側から不信感が寄せられることも多くありました。平成一二年四月からスタートした民事再生手続では、履行確保手段がしっかりしたものに改められ、従前の和議よりも債権者の信頼が得やすくなりました）。

このような民事再生手続は、❶通常の民事再生（従来の和議に代わるもので、一定規模以上の事業を営む法人や自営の個人が主な対象で、多額の費用、時間、労力を要します）と、個人債務者民事再生手続（小規模な自営個人や給与所得者等を対象としたもので、これも❷小規模個人再生と❸給与所得者等再生の二つの種類があります）に大別され、さらに全部の種類の民事再生に付加できるバリエーションとして、❹住宅資金貸付債権（住宅ローン）の特則もあります。

読者の方が主に関心を抱くと思われるのは、「給与所得者等再生」「住宅資産貸付債権（住宅ローン）の特則」ですので、項を改めて、この❷の手続きについて、簡単に説明します（なお、蛇足かもしれませんが、「給与所得者等再生」にしろ「住宅資金貸付債権（住宅ローン）の特則」にしろ、自己破産よりもはるかに手続きが煩雑であり、意外と使いづらいとの指摘がささやかれているほどです。前評判の割には、現状（平成一三年九月）の申立件数も、さほど多くないようです。筆者個人の見解ですが、使い勝手の悪い今のままの給与所得者等再生、住宅ローン特則では、到底、自己破産や任意整理に代わる手段として普及するのは難しいのではないかと予測しています。詳細は省きますが、個人再生に対する過度の期待は禁物であり、どうしても給与所得者等再生、住宅ローン特則でいきたいという場合、自己破産や任意整理の場合にも増して、事前に弁護士と綿密な協議、打ち合わせを経ておくべきだと思います。）

47 給与所得者等再生手続の概説

Q 給与所得者等再生手続による負債の整理とは、どのようなものでしょうか。

A 給与所得者等再生手続は、民事再生手続の個人（給与所得者等の定収入のある個人）版特則ですが、この概要も、一言で言い尽くすのは困難です。

あえてイメージとして述べれば、事情により、破産（原則として、破産宣告時の資産の清算で済み、積立指示・一部弁済等がなければ、将来の収入からの支払いはほぼゼロに近い線で終わります）は避けたいが、任意整理（利息制限法引き直しにより負債の圧縮は図れるが、強制的に残元金カットまではできず、残元金を個別の和解により三～五年の分割でコツコツと返済していくこと）ではつらいという多重債務者のために、平成一三年四月からスタートした新しい制度です（企業向けの通常の民事再生手続は、平成一二年四月からスタートしています）。

給与所得者再生手続も、裁判所への申立ての後、裁判官（場合によっては裁判所選任のお目付け役である個人再生委員）のチェックを受けるという点では、破産と似た側面もあります（官報にも載ります）。

したがって、「破産は何となく避けたい」といった漠然とした理由だけでは絶対ダメで、任意整理を試みる場合と同様、多重債務に陥った原因となったルーズな金銭管理を抜本的に改め、計画的な支払いに向けた徹底的な自己管理が不可欠となります。

残元金カットが困難な任意整理と異なり、給与所得者等再生の場合、一定の要件を満たせば、債権者の多数決にもよらず（話がやや複雑になりますが、通常の民事再生や小規模個人再生では、債権者の多数決を採ります）、裁判所の判断で一定率の債権がカットされます（この点は、債務者にとって朗報です）。

この要件を極めて大まかに言えば、

一　給与所得等の定収入を得ていること。

二（自己所有資産に対する担保付債権を除く）負債総額が三〇〇〇万円以下の範囲に収まっていること。

三　以下の三つの基準による最低弁済額のうち、一番高い額以上を原則三年以内に定期的に返済していくこと。

❶　清算価値保障額（破産したと仮定した場合の配当率以上のものを弁済しなさいということです）。
❷　負債総額から算出される最低弁済額（負債一〇〇万円未満の場合はその額、一〇〇万円以上五〇〇万円未満までは一〇〇万円、五〇〇万円以上一五〇〇万円未満は負債の二割、一五〇〇万円以上のときは三〇〇万円）。
❸　一定のルールで算出された可処分所得の二年分。
などというものです（詳細は、個人再生手続についての専門書に譲ります）。

この手続きは、平成一三年四月にスタートしたばかりで、実務上、未知数のことも多いのですが、任意整理（特定調停）や自己破産と比べれば、要件・手続きが複雑であることは否定できず、現状のままでは、利用数はさほど増えそうにないとの予測が有力です。

ともかく、この手続きの第一印象は、「要件・手続きが複雑」というぐらいですから、調停とは異なり、本人だけでの申立ては極めて困難で、利用を検討する際には、是非とも弁護士に相談・依頼されることをお薦めします。

また、給与所得者等再生・小規模個人再生には、以下のような重大な制度上の欠陥も指摘されており、筆者個人としては、複雑すぎる手続き・要件の簡略化と共に、その早期の是正を願ってやみません。

一　裁判上の負債整理手続きでありながら、債権調査が中途半端であること（難しい専門的な議論なので詳細は省略しますが、個人民事再生の場合は、手続き内での確定に過ぎず、未届出の再生債権は、権利変更（弁済率のカット）を受けるとは言え、三（五）年の法定弁済期間経過後に、いきなり請求を受けるという、とんでもないトラブルが今後起きる心配があります）。

二　履行確保の制度がなく、債権者から制度自体に対する不信感を招く危険があること（民事再生法スタート前にあった和議という制度では、履行確保が弱く、途中で弁済がいいかげんになる例も多数あり、債権者の顰蹙を浴びてきました。個人民事再生の債務者の場合、和議の不履行のようなトラブルが再発しないよう、願うばかりです）。

48 個人再生手続の住宅ローンの特則の概説

Q 個人再生手続の住宅ローンの特則とは、どのようなものでしょうか。

A 正式には「住宅資金貸付債権に関する特別条項」と言いますが、これまた複雑すぎる制度で、この概要を一言で言い尽くすのは困難です。

あえて極めて大まかなイメージとして述べれば、一定の要件を満たした住宅ローンにつき、支払額のカットは認めないが、当初の返済期限を延長したり（ただし、債務者が七〇歳になる前までに支払い終えることが必要）、当初約束された月額を減らす（トータルの支払額はカットされませんが、返済期限の延長により、月額は減ります）というものです（相当複雑で難解な手続き・要件となりますので、詳細は、個人再生手続についての専門書に譲りますが、このような複雑すぎる手続きでは、利用したくとも、利用者はあまり増えないのではと予想されます)。

他の書籍では、個人再生の住宅ローンの特則は、住宅ローンにあえぐ債務者の救世主のごとく好意的に過大評価しているものも見かけますが、残念ながら実際は、そんなに甘いものではないようです。本項では過大評価の陰に潜んでいる実務上の問題点を以下のように強く指摘しておきます（以下、経済法令研究会発行・銀行法務21・五九二号二頁以下の園尾隆司判事の論稿「東京地裁における個人再生手続の実情」から引用させて頂きました)。

一　住宅ローン以外の多重債務がある場合、住宅ローンだけの整理をこれで行うことは許されないこと（住宅ローン以外の負債も、個人再生手続で処理できるケースであることが必要であり、対象者の範囲は相当狭まります)。

二　律義に住宅ローンを長年払い続け、ローン残高が減っている場合、かえって、住宅価格からローン残高を控除した現存価格が、清算価値保障原則により、弁済額基準の一つとされ、予想外に弁済額が増える事態もありうること。

三　住宅ローンのある債務者は元々収入が多い層でもあり、住宅ローン以外の負債の再生手続きにつき、可処分基準額も大きくなり、予想外に弁済額が増えるという事態もありうること。

四　住宅ローンに別除権が成立しない場合（非常に分かりづらい用語ですが、住宅に担保を付けた抵当権者の名義と、実際の住宅ローンの債権者の名義が異なる場合をいい、実務上は、このケースが大半です)、再生手続開始後は、他の再生債権と同様、住宅ローン債権の弁済も一旦は支払禁止となり、その結果、損害金が拡大し支払総額が当初の予想よりも増大する危険があること。

特に、筆者の個人的見解ですが、問題点の**四**は、致命的な立法ミスとも思われ、早急に法律自体を改めなければ、どうしようもないものです(住宅を残すための住宅ローン特則を利用した結果、かえって住宅ローンの支払総額が損害金の発生で増えてしまい、支払いが前よりも苦しくなるというのでは、何のための住宅ローン特則か分かりません)。

このような住宅ローン特則の利用に当たっては、弁護士との綿密な打ち合わせと共に、住宅ローン債権者(金融機関)とも充分に協議を重ねる必要があり、相当手間のかかる手続きと思います。

第3章

多重債務に転落するまでと、多重債務から脱出するまでの実例

一、A子さん（弁護士介入時三〇歳、パート）

（多重債務に転落するまで）

A子さんは、昭和六〇年に自営業を営む夫と結婚し、子宝に恵まれ、たて続けに三人の子供が生まれました。夫が数年前に始めた自営業（建設下請）は、バブル景気の頃は、まあまあ順調でした（一〇〇〇万円近い利益を上げたこともありました）。しかし、弱小の建設下請業者の常として、収入が不安定であること、夫が取引先との付き合いを大切にし過ぎて、接待交際費の支出（ゴルフや宴会など）が多く、好景気の頃も、貯金はさしてためていませんでした。平成四年ごろより、バブル崩壊の影響で、夫の仕事も激減し、生活費にも窮する事態となりました。

苦肉の策として、夫名義の銀行のカード、信販会社のカードを利用したキャッシングで、当座は、生活費の穴埋めをしてきましたが、カードのキャッシングが限度枠に達すると、サラ金にも手を出すようになり、二、三年で、夫の借金は五〇〇万円に膨れ上がりました。

また、家計の窮状を救うために、A子さんも、幼い子供を抱えながらも、パートを始めましたが、焼け石に水でした。そして、夫は、自分のカード、サラ金が限度枠に達すると、今度は、妻であるA子さん名義のカードを作ることを強制し、キャッシングさせたり、さらには、サラ金からも借り入れを起こさせるようになりました。もちろん、A子さん名義で借りた金の大半は、夫名義の借金の返済につぎ込まれていきました。このようなことを続けるうちに、A子さん名義の借金もかさみ、自分名義の借金を返すために、さらに借金を重ねるという自転車操業状態に陥りました。

A子さんと夫は、結局、家庭不和に陥り、平成七年に離婚しました。もちろん、多重債務を抱えた夫からは、財産分与や慰謝料の支払いは一切ないばかりか、子供の養育費も貰えませんでした。離婚の時点で、夫は約六〇〇万円、A子さんも八社から約三〇〇万円もの借金を抱え込んでいました。

〈多重債務から脱出するまで〉

離婚したA子さんは、三人の幼い子供を引き取り、途方に暮れていました。また、離婚前後の精神的混乱の影響で体調を崩し、パートにも出られない状態となり、やむなく区役所に生活保護を申請しました。生活保護から支給される金額は、月一三万円前後ですが、家賃、食費、光熱費等でほとんど使いきり、借金返済の余力はありません。そこで、区役所の生活保護担当の係に相談したところ、自己破産により借金を清算するしかないことを教えられ、自己破産申立てへ踏み切りました。

A子さんには、弁護士の知り合いはいませんでしたが、財団法人法律扶助協会を知り、そこでの審査を経て、弁護士の紹介を受けました。

もちろん、A子さんには、不動産等のめぼしい資産は何もなく、破産申立て後、約一年で免責決定にこぎつけました。さしたる免責不許可事由もなかったこと、生活保護を受けていることから、裁判所でも、積立等を指示することなく、無条件で、免責決定を得られました。

A子さんは、弁護士に依頼して、自己破産で借金を清算できたばかりではなく、離婚直後の精神的混乱からも見事に立ち直り、いまでは三人の子供とともに平穏な生活を送っています。

（A子さんの反省点）

❶まず、生活にゆとりがあるときに、貯金をしっかりしていなかったことが悔やまれます（企業は、コマーシャルなどで消費やレジャーを煽り立てますが、それに躍らされて、貯金をしっかりしていなければ、いざをいう時に困るのは、本人なのです）。

❷また、夫に強制されたとは言え、夫の借金返済のために、妻名義の借金を新たに起こすというやり方も失敗でした（妻名義の借金は、あくまでも妻の借金であり、その後、夫婦が離婚しても、妻自身の借金として請求されるのです）。

二、Bさん（弁護士介入時四一歳、男性会社員）

（多重債務に転落するまで）

Bさんの場合は、住宅ローン破産のケースです。Bさんは、妻と二人の子供がいる、コンピュータ会社の営業マンで、三七歳（平成三年）の時に、神奈川県内に新築マンションを購入しました。そのころは、Bさんの仕事は順調で、年収は八〇〇万円近くに達しようとしていました。約三六〇〇万円の新築マンションを頭金四〇〇万円、残りの三二〇〇万円は、住宅ローン（住宅金融公庫と民間銀行の二社）で賄いました。住宅ローンの返済は、月額一〇万円、夏冬の年二回のボーナス時には五〇万円ずつというプランでした。

しかし、やはりバブル崩壊の影響で、Bさんの会社の業績も急速に悪化し、当初予定していたボーナスは大幅にカットされ、給料も現状維持が精一杯で、ベースアップは望めなくなりました。Bさんにとって痛かったのは、ボーナス時に増額される住宅ローンの支払いで、その不足分は、やむなく信販会社のカードからのキャッシングで工面してきました。しかし、それが一度でなく、二度、三度と続くうちに、キャッシングも限度枠一杯になり、他のカードの利用も始まり、二年もしないうちに、住宅ローン以外の高利のカードローンは、二〇〇〇万円を超えてしまいました。

そうすると、今度は、住宅ローンとカードローンの支払いで、Bさんのこづかいも出ない状態となりました。Bさんは、憂さ晴らしと、一発当ててローンを減らしてやろうと思い、次第にギャンブルにのめり込んでいきました。しかし、ギャンブルでローンの返済資金を稼げるほど世間は甘くなく、かえって、損失を広げ、生活費も妻に渡せないような状態に陥りました。恐妻家のBさんは、ギャンブルで大穴を開けたことを妻に悟られまいとして、今度は、サラ金からの借入れも開始し、多重債務の問題を家族にもひた隠しにして来ました。最終的に、支払困難に陥ったころは、住宅ローン以外の借金（カード、サラ金）が一五社、約七〇〇万円にも達していました（住宅ローンも入れれば、負債総額は、約四三〇〇万円にもなります）。

しかし、最終的には、多重債務の問題も家族にばれる時がやってきました（平成七年）。夫婦で相談した結果、四年前に三六〇〇万円で購入したマンションをたたき売って、清算することを当初考えました。しかし、新築後四年目のマンションとはいえ、その物件は、立地条件が悪く（最寄り駅からバスを利用）、平成七年当時では、二二〇〇万円前後でしか、買い手がつかないことが判明しました。

これでは、マンションに付された住宅ローンの担保（二社合計三二〇〇万円）の抹消すら困難で、それ以外のカード、サラ金一五社、約七〇〇万円の清算には、到底及びません。

（多重債務から脱出するまで）

意を決したBさんは、マンションを売ることを断念し、弁護士会に相談に行き、甲弁護士を紹介してもらいました。甲弁護士との相談の結果、マンションに住んだまま、自己破産申立てをする方向に決めました。そして、多重債務をこれ以上増やさないため、住宅ローンを含めて一切の債務の支払いも停止し、弁護士より「介入通知書」を全債権者宛郵送しました（弁護士より「介入通知書」を出せば、貸金業者である債権者から直接、債務者本人に督促することは差し控えられます）。

大幅に担保割れ（時価よりも、不動産に付された担保の債権金額の方が上回る状態、オーバーローンとも呼びます）したとはいえ、Bさんは不動産所有者であること、債権者の数と負債総額が大きいことから、裁判所は、同時破産廃止を認めず、管財事件としました。そのため、Bさんは、予納金五〇万円を裁判所に提出するよう命じられました。

（その後、東京地方裁判所などでは、大幅に担保割れしている状態であることが、複数の資料で裏付けられれば、不動産所有者についても、例外的に、破産管財人を付けずに、同時破産廃止で処理できる運用になりました。本件は、この運用変更以前の事案です）。

もちろん、Bさんの手元には、五〇万円はなく、約八カ月ほどかかって、本人の給料と実家からの援助で予納金を工面し、平成七年末に、ようやく破産宣告にこぎつけました。

その間、マンションは、担保権者の申立てにより、競売が開始されました。破産管財人乙（自己破産申立ての代理人甲弁護士以外の弁護士が裁判所から選任されます）と、Ｂさんとの協議の結果、破産管財人がマンションの任意売却を行うまで、Ｂさんは、当該マンションに住んでいて良いことになりました（もちろん、住宅ローンの支払いも停止したままです）。ただし、全ての借金の支払いを停止したＢさんには、家計の余裕もありますから、可能な範囲（月額七、八万円程度）を、破産管財人に積み立てることにしました（この積立は、法律上の義務ではないのですが、配当率を上げて、少しでも債権者の損失を補いたいというＢさんの誠意の現れとして行いました）。

破産宣告から、約半年後（平成八年六月）に、破産管財人の交渉により、担保権者は競売の申立てを取下げしたうえ、マンションの任意売却が成功し、Ｂさん一家は、マンションを立ち退きました（担保割れした不動産でも、債務者の破産宣告後、破産管財人がうまく交渉すれば、任意売却で処理できることがあります）。その間に、Ｂさんが自発的に破産管財人に積み立てた金額と、任意売却により破産管財人が入手した破産財団組入金（競売の場合よりも、担保権者に有利に任意売却できた場合、担保権者において、破産財団組入という名目で、破産管財人に一種の寄付をすることもあり得ます）は、合計で一〇〇万円にもなり、破産管財人の手により、債権者へ配当されました。配当により、破産手続きは終結し、その約半年後、裁判所から、Bさんに免責決定が下されました。Bさんの場合、借金の一部をギャンブルに使ったという免責不許可事由がありましたが、誠意の証として積立を行ったこと、破産管財人によるマンションの任意売却に終始一貫して協力したことが評価されて、裁量免責が得られました。

その後のBさんは、借金はもちろん、ギャンブルとも無縁の平穏な生活を送っています。

〈Bさんの反省点〉

❶ボーナスの大幅カットによる住宅ローンの返済計画の狂いはやむを得ないとしても、その穴埋めを金利の高いカードローンに頼ったのが失敗でした。たしかに、使途を問わず、限度枠まで自由に借り入れのできるカードローンは便利ですが、金利の高さが、後日、足を引っ張ることとなります。

住宅ローンの返済が困難になった場合には、安易にカードやサラ金に手を出すのではなく、〈面倒臭がらずに〉住宅ローン会社に返済計画の組み直しや、時価が下がる前に売却することを検討すべきです。

❷また、Bさんに限らず、多重債務者に往々見受けられることなのですが、借金の穴埋め

を狙ってギャンブルに手を出すのは、絶対に避けるべきです。かえって損失を広げるばかりか、後日、自己破産による清算を試みても、免責不許可事由として、免責を得られないことも有り得るからです。本件のBさんの場合には、破産宣告後の誠意（積立と、マンションの任意売却への協力）を汲んで、裁判所の裁量で、辛うじて免責決定を得られましたが、全ての場合において、このようにうまく行くとは限りません。

三、Cさん（弁護士介入時二七歳、女性ＯＬ）

（多重債務に転落するまで）

Cさんの場合は、任意整理に成功したケースです。平成四年当時二五歳のCさんは、都内のアパレル産業に勤める独身のＯＬで、通勤に便利ということで、千葉県の実家を離れて、都内のワンルームマンションで暮らしていました。当時の手取月収は約一六万円程度で、その大半は、月額約七万円の家賃に消えました。

Cさんは、こうるさい親元を離れて、約二年間、一人暮らしをエンジョイしてきました。家具や家電製品を買い揃えるため、信販会社のカードを三社分作りましたが、カードの便利さが病み付きになり、ブランド品もしばしばカードで購入しました。また、これらのカードのキャッシングで、生活費を適宜補充してきました。

しかし、カード三社の残高は、瞬く間に一〇〇万円を超え、当然ながら、その返済が家計を圧迫しました。Cさんは、当初は、サラ金に対して根強い抵抗感がありました。しかし、友人が平気でサラ金から借りていること、大手サラ金はテレビのコマーシャルも流していることから、大手サラ金二社からも、返済のための借り入れを起こしてしまいました。折からの不況でボーナスも残業手当もカットされ、給料のベースアップもないのに、自転車操業状態により、借金だけが、じわじわと増え続けて行きました。当初のカード利用から二年後の平成六年（二七歳）には、負債件数五社、負債総額約二〇〇万円、約定返済額は五社合計で月額一〇万円を超え、このままではやって行けないことが明白になりました。

〈多重債務から脱出するまで〉

意を決したCさんは、弁護士会の相談へ行き、甲弁護士と知り合い、債務整理を依頼しました。Cさんの債務整理については、当初、甲弁護士も、任意整理でやれるのか、自己破産の方が良いのか、迷いました。というのは、都内のワンルームマンションの一人暮らしでは、衣食住の必要経費の支出が大きく、借り入れに頼らないで自力で返済資金を工面することが不可能だからです（弁護士が債務整理に介入した段階で、Ｃさんはブラックリストに載ってしまい、新規の借入れはできなくなります。しかし、これ以上の多重債務を増やさないため、カード・サラ金からの借金ではなく、自己の収入で返済していくのが任意整理の鉄則です）。

そこで、Ｃさんは、多重債務の現状を正直に実家に告白し、その理解を得たうえで、ワンルームマンションを引き払い、実家に戻ることにしました。

また、従前、家計の管理が杜撰（貯金が全くなく、生活費の不足は、安易にカードのキャッシングに頼って来たこと）だったことを反省し、毎日、必ず家計簿を付け、無駄な支出を極力カットしていくことを誓いました。このような状況を維持し、毎月の収入から最低限六万円を返済資金としてプールしていくことを条件にして、平成六年七月、甲弁護士は、任意整理に着手しました。

甲弁護士においては、カード会社、サラ金に対し、初回からの取引経過の開示を求め、開示を得た段階で、利息制限法の引き直し計算（利息制限法の制限利率を超過して支払われた利息を残元金に振り替え、支払うべき残元金の金額をなるべく少なくする作業）を地道に行いました。その結果、Ｃさんの負債総額は、当初、債権者が主張していた約二〇〇〇万円から、若干減って一五〇〇万円に落ち着きました。もちろん、一五〇〇万円でもいっぺんに返すことはできませんので、三六回前後の分割返済の提案を甲弁護士から債権者宛に行いました。全債権者との分割和解が成立したのは、平成六年一二月（債権者の数が多くなればなるほど、和解の足並みが揃うのが遅れます）でした。その後、Cさんは、当初の予定通り、節約生活に努め、三年後の平成九年末には、五社の負債（分割和解金）を完済させました。
また、完済の時点では、毎月の収入から節約してためた返済資金のプール分が、五〇万円も余っていました。今まで貯金とは縁がなかったCさんですが、このプール金を将来の結婚資金の一部とする予定です。

（Cさんの反省点と、ポイント）

❶現在のカードは、物販のほか、キャッシングの機能が付いているものがかなりあります。Cさんが多重債務の泥沼に浸かった第一の原因は、生活必需品の物販だけにカードの利用を止めておくべきだったのに、安易に、キャッシングを利用してしまったことです。大手信販会社のカードのキャッシングでも、その実質金利はサラ金と大差ない年利三〇パーセント前後のものが大半なのです（平成一二年六月一日の改正出資法施行前の話です）。
❷また、サラ金に対しては、友人も使っているから大丈夫、テレビでコマーシャルを流しているくらいだから問題ないという甘い気持ちをもって、利用したのも誤りでした。サラ

金のような利息制限法を超える高金利から返済資金をいくら工面しても、高金利ゆえに、せっかくの返済が金利部分に充てられてしまい、借金の総額は減らないどころか、かえって増える事態に陥るのです。
❸Cさんの場合は、五社・二〇〇万円という段階で、これ以上、借金を増やさず、弁護士に相談したことで傷口を広げないで済みました。また、実家に帰り、家賃等の支出を節約できたことも成功の大きな理由でした。仮に、負債総額が、このレベルを超えていたり、実家に戻って節約するという態勢がとれなければ、自己破産しかなかったはずです。

四、D子さん（弁護士介入時四二歳、生命保険外務員）

（多重債務に転落するまで）

D子さんは、介入時、某大手生命保険の外務員でしたが、借金も約一五社から総額六〇〇万円もありました。D子さんには、飲食店自営の夫がいましたが、収入が不安定で、それを補うため、約五年前から生命保険の外務員を始めました。
当初は、知り合いから新規の保険がとれて順調に進むかのように見えましたが、知り合いからの契約取り寄せが一巡すると、D子さんの営業成績は頭打ちとなり、歩合部分の給料は一向に増えず、かえって交通費、顧客用の手みやげ代などの経費がかさんで行きました。D子さんは、同僚から勧められて、安易にサラ金から借り入れをし、経費不足分を補うことを始めました。サラ金への抵抗感が薄れると、生活費の不足を補うための借り入れも開始し、三年もしないうちに、負債総額は三〇〇万円程に達しました（ちなみに、生命保険外務員は破産すると資格喪失の危険性があることから、破産しづらいと考えられており、サラ金側から見て、絶好の貸付先だったようです）。

D子さんは、親族から約二〇〇万円の援助を得て、弁護士を立てずに自ら繰り上げ返済をして、一度は借金の大半を清算しました。しかし、一部に払い切れなかった負債が約一〇〇万円残ってしまいました。折からの不景気で、生命保険外務員の営業成績は落ち込み、経費だけがかさむ状態が続き、D子さんは、こりずに再びサラ金に手を出すこととなりました。親族が援助してくれたことを甘く見たのか、D子さんの借金は、無計画にかさみ、最後には、当座の借金を返すために、さらに借金を重ねるという自転車操業状態に陥りました。

その過程で、夫は、D子さんの借金癖に我慢できなくなり、離婚しました。

〈多重債務から脱出するまで〉

当初のD子さんは、任意整理を望みました。しかし、以前援助してくれた親族の期待を裏切って、再び多重債務に陥った前歴があることや、生命保険外務員としての手取月収が低額で頭打ちであること（支給額から自己負担の経費を引けば、手元には良くて一〇万円しか残らず、最悪の場合には三、四万円ということもありました。また、これ以上、営業成績を伸ばして歩合給部分を増やすのも無理）に照らし、相談を受けた弁護士としては、任意整理は困難と考え、自己破産を勧めました。

D子さんも自分のおかれた立場（二度目の借金の失敗であり、今回は親族からの援助は得られないこと）を理解し、弁護士に依頼して、自己破産申立てを決意しました。また、これまでの借金の原因が、生命保険外務員の経費（新規顧客獲得のために本来は顧客が支払うべき保険料を立て替えて負担したことすらあり、経費がかさんでいました）であったことから、保険外務員に見切りをつけ、経費のかからない固定給の仕事に転職することとしました。幸いにも、事務系のパートにつくことができ、これ以上の経費の自己負担は免れることができました。

もちろん、D子さんの自己破産は、さしたる資産もなく、同時破産廃止となりました。しかし、D子さんが親族の援助を無駄にして安易に多重債務に逆戻りしたこと、生活状況に比して負債件数、総額が多いこと等に照らし、裁判官から、二〇万円ほどを積み立て、自発的に分配することを勧告されました（ただし、D子さんのみが悪いというのではなく、破産しづらい生命保険外務員の立場を逆手にとって、過剰融資をしてきたサラ金側にも、責任の一端はあります)。

D子さんは、借金に頼らず、節約に務め、約一年ほどかかりましたが、二〇万円の積立を終えました。最後は、弁護士に積立金を渡し、弁護士の手により、全債権者に、債権額に応じて按分配当されました。その配当結果を裁判所に報告し、D子さんは、無事、免責決定を得られました。

(D子さんの反省点とポイント)

❶まず、親族から援助を得た第一回目の整理の際に、弁護士を立てて、しっかりとした任意整理(漏れなく全ての借金について弁護士が介入し、利息のカットをしっかり交渉してから返済すること)を行うべきでした。本件のD子さんは、弁護士を介さずに、債権者の請求額どおり(すなわち、利息カットをせずに)繰り上げ返済しましたが、払い漏らした借金が、その後、膨らんで行きました。

❷(全ての自己破産の場合が、そうなるとは限りませんが)免責不許可事由らしきこと(たとえば、換金行為や、浪費・ギャンブルのための借財)があったり、生活状況に比し

て異常に負債件数、総額が多い場合には、裁判官によっては、（裁量免責の可否を決める前提条件として）一定額の積立、配当を勧告することもあります。本件のD子さんは、二度にわたる借金の失敗を反省し、誠実に積立に努めたので、無事に免責決定が得られました（しかし、節約に努めずに積立がうまく行かなければ、免責が得られたかは微妙であり、注意を要するところです）。

著者略歴

花輪　弘幸（はなわ　ひろゆき）

略　歴　昭和37年　東京生まれ
昭和62年　司法試験合格
昭和63年　東京大学法学部卒業
平成２年　弁護士登録（第二東京弁護士会）
平成６年　花輪弘幸法律事務所開設

現　在　花輪弘幸法律事務所所長・弁護士

著　書　「現代契約法入門」（一橋出版）

著者との契約により検印省略

平成10年９月10日　初　版第１刷発行
平成11年10月１日　初　版第２刷発行
平成13年11月20日　改訂版第１刷発行
平成14年８月20日　改訂版第２刷発行

自己破産する前に読む本
改訂版

著　者　花　輪　弘　幸
発行者　大　坪　嘉　春
製版所　株式会社　東　美
印刷所　税経印刷株式会社
製本所　株式会社　三森製本所

発行所　東京都新宿区下落合２丁目５番13号　株式会社　**税務経理協会**
郵便番号　161-0033　振替　00190-2-187408　電話（03）3953-3301（編集部）
FAX（03）3565-3391　（03）3953-3325（営業部）
URL　http://www.zeikei.co.jp/
乱丁・落丁の場合はお取替えいたします。

ISBN 4－419－03463－7　C0032